Ralf Dietrich/Andrea Porkristl

Genial sozial

Soziales Lernen in der Sekundarstufe

Band 3

7./8. Klasse

Kopiervorlagen

Gedruckt auf umweltbewusst gefertigtem, chlorfrei gebleichtem
und alterungsbeständigem Papier.

1. Auflage 2010
Nach den seit 2006 amtlich gültigen Regelungen der Rechtschreibung

Ralf Dietrich/Andrea Porkristl
Genial Sozial 3
Soziales Lernen für HS und AHS/Lehrerbuch/Schülerbuch

Umschlaggestaltung: Gernot Lauboeck, Wien
Fotos: Christian Rienesl
Grafiken: Gerhard Paar

ISBN 978-3-87101-624-0 www.brigg-paedagogik.de

Inhaltsverzeichnis

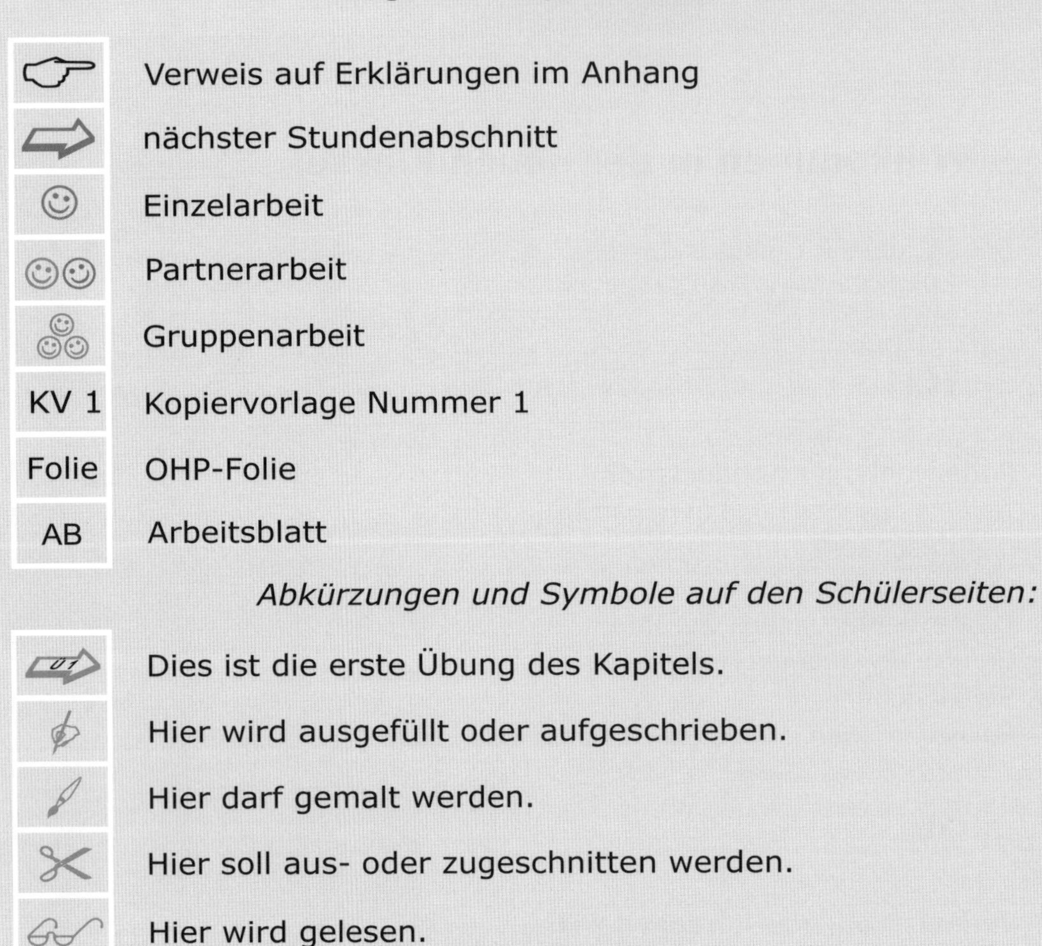
Abkürzungen und Symbole auf den Lehrerseiten:
Verweis auf Erklärungen im Anhang
nächster Stundenabschnitt
Einzelarbeit
Partnerarbeit
Gruppenarbeit
KV 1
Kopiervorlage Nummer 1
Folie
OHP-Folie
AB
Arbeitsblatt
Abkürzungen und Symbole auf den Schülerseiten:
Ü1
Dies ist die erste Übung des Kapitels.
Hier wird ausgefüllt oder aufgeschrieben.
Hier darf gemalt werden.
Hier soll aus- oder zugeschnitten werden.
Hier wird gelesen.
Hier soll genau beobachtet werden.
Diese Übung kann als Hausaufgabe gemacht werden.

Liebe Kolleginnen und Kollegen!

Wir leben in einer Zeit des gesellschaftlichen Umbruchs, Schule ist jener Ort, wo dies deutlich spürbar wird. Die berufliche Rolle der Lehrkraft hat sich gewandelt, ihre Aufgaben werden Jahr für Jahr schwieriger, ihr Aufgabenfeld größer. Wir sollen immer mehr Erziehungsarbeit leisten, Werte und Normen vermitteln und die Jugendlichen optimal auf ihre Zukunft vorbereiten.

Dass das Vermitteln bloßen Fachwissens dafür zu wenig ist, ist allen Pädagogen bewusst.

Da der Übertritt von der Schule zum Beruf zunehmend schwieriger wird und von den Arbeitnehmern heute seitens der Wirtschaft Qualifikationen vorausgesetzt werden, die im herkömmlichen Fachunterricht wenig bis gar nicht vermittelt werden können, ist eine Neustrukturierung des Unterrichtens und ein Umdenken der dafür Verantwortlichen – von uns Lehrern – unumgänglich!

Wenn wir wollen, dass unsere Kinder und Jugendlichen Leistung erbringen und sich in einer dynamischen Welt bewähren, muss schon in der Schule adäquates Arbeitsverhalten erlernt werden und der Unterricht durch Methodenvarianz und ein vernünftiges Miteinander geprägt sein!

Das Projekt „Soziales Lernen" ist ein Weg, diesen Anforderungen gerecht zu werden. **Selbstkompetenz, Sozialkompetenz** und **Sachkompetenz** sind nämlich neben **Kommunikationsfähigkeit** und **Methodenkompetenz** jene Schlüsselqualifikationen, die Kinder zu verantwortungsbewussten, kritischen, teamfähigen und flexiblen Menschen machen. Sie lernen Demokratie zu leben, mit Konflikten konstruktiv umzugehen und in vielen Lebensbereichen „ihren Mann oder ihre Frau stehen".

Die angesprochenen dynamischen Fähigkeiten erlernen Schüler nicht nur durch Vermittlung.

Durch die Reflexion über sich selbst und andere sollen sie fähig werden, in verschiedenen Situationen Handlungsstrategien und mögliche Lösungswege zu entwickeln.

Da die Schüler außerdem immer intensiver zum selbstständigen Wissenserwerb angeleitet werden sollen, verknüpfen sich die Ideen von Offenem Lernen und Sozialem Lernen ideal, was wir in der Reihe berücksichtigen wollen.

Damit sind schon jene Ziele genannt, die wir gemeinsam mit den Schülern in den folgenden Jahren umsetzen wollen, wobei dem Wort „gemeinsam" eine große Bedeutung zukommt. Nur gemeinsam erlebte Erfahrungen und gemeinsam getroffene Entscheidungen sind für die Schüler nachvollziehbar. Für alle Bereiche des Sozialen Lernens gilt:

Auch der Weg ist das Ziel!

Im Band **Genial sozial 3** sollen die Schüler

- ☛ lernen ihre eigenen Gefühle wahrzunehmen, sie einzuschätzen und konstruktiv damit umzugehen sowie die Gefühle anderer zu respektieren.
- ☛ ihr Selbstwertgefühl situationsbezogen einschätzen können und Wege und Strategien kennenlernen, die ihr Selbstvertrauen stärken.
- ☛ kommunikative Kompetenzen entwickeln, erkennen, dass jede Aussage unterschiedliche Botschaften enthalten kann und lernen, dass durch Rückfragen und Rückmelden Verständnisprobleme vermieden werden können.
- ☛ Konfliktlösungsstrategien (z.B. Streitschlichtung durch Mediatoren) kennenlernen und lernen, wie man Abkommen trifft und Übereinkünfte formuliert.
- ☛ geschlechtsspezifische Verhaltensmuster erkennen und ihr eigenes Selbstbild hinterfragen.
- ☛ demokratische Entscheidungsstrukturen entwickeln und die Notwendigkeit von Regeln erkennen; diese mitgestalten und befolgen lernen.
- ☛ lernen in verschiedenen Sozialformen und mit unterschiedlichen Methoden zu arbeiten, wobei Teamfähigkeit, Reflexionsvermögen

und Kritikfähigkeit geschult und Präsentationstechniken eingeübt werden.

Nun stellt sich für viele von Ihnen sicher die Frage, wie man diese Ideen im Unterricht umsetzen kann. Wie soll ein Lehrer in einer Klasse mit 30 Schülern jeden Einzelnen individuell fördern und gleichzeitig Versäumnisse des Elternhauses oder der vorangegangenen Institutionen ausgleichen? In einer Zeit, in der „Kürzungen" und „Sparmaßnahmen" es einem engagierten Lehrer immer schwerer machen, der Forderung nach Individualisierung im Unterricht nachzukommen, scheint diese Aufgabe fast unlösbar.

Dieses Buch aber soll Ihnen dabei helfen, soll Ihnen einen Weg aufzeigen, im Unterricht diesen Anforderungen gerecht zu werden. Die Inhalte sind so konzipiert, dass sie eine Lehrkraft alleine mit einer ganzen Klasse umsetzen kann. Die Vorbereitungsarbeiten sind am Beginn jedes Kapitels genau angegeben.

Die angebotenen Stundenbilder sind in sich geschlossene Einheiten, die beliebig und der Situation angepasst ausgewählt und eingesetzt werden können.

Je nach Möglichkeit können die Inhalte in eigens dafür vorgesehenen und im Stundenplan verankerten Stunden (Soziales Lernen, Deutschunterricht ...) oder aber auch im projektorientierten Unterricht bzw. einem eigenen Projekt eingebaut werden.

Nun bleibt uns nur noch, Ihnen viel Spaß zu wünschen! Wir hoffen, Sie werden ebenfalls an Erfahrung dazugewinnen, wie bereichernd das Soziale Lernen auch für Ihr Leben sein kann und wie begeistert die Kinder mit Ihnen gemeinsam an ihrer Zukunft arbeiten werden.

Andrea Porkristl, Ralf Dietrich

Aus Gründen der leichteren Lesbarkeit haben wir auf geschlechtsdifferenzierte Formulierungen wie Schüler/-in, Lehrer/-in verzichtet.

Thema: Programm für die ersten Schultage

etwa 10 Einheiten

Ziele:

- Die Schüler sollen ihre Meinung zu verschiedenen Schulbereichen abgeben und im Konsens mit der Klasse Änderungswünsche erarbeiten.
- Sie sollen sich Gedanken zur Kandidatur als Klassensprecher machen.
- Sie sollen gemeinsam eine Wiedersehensfeier organisieren.
- Die Schüler sollen sich überlegen, auf welche „Lebensziele" sie hinarbeiten wollen und erkennen, was die Grundvoraussetzungen zur Erreichung dieser sind.
- Sie sollen einzuschätzen versuchen, wie ihr Lebensweg verlaufen könnte.
- Sie sollen sich mit kurz- und längerfristigen Zielen auseinandersetzen.

In diesen Stunden brauchen Sie:

1.Tag: ◇ Kopien von KV 1, 2 in Klassenstärke
2.Tag: ◇ Kopien von KV 3 (eine pro 6er-Gruppe)
◇ Kopien von KV 4, 5 in Klassenstärke
◇ großes Plakat mit den Aufschriften „Schule", „Schulordnung", „Klasse", „Unterricht", „Pause", „Lehrer", „Änderungswünsche" mit Platz zum Aufkleben der Kärtchen;
◇ Geschirr, Becher, etc.
◇ CD-Player
3.Tag: ◇ Kopien von KV 6, 7 in Klassenstärke
◇ weicher Ball
◇ A5-Zettel in 2 Farben, je 2 pro Schüler
◇ großes Plakat
◇ Papierkorb

Vorüberlegungen:

Dieses Programm für die ersten Schultage versteht sich als Angebot, die ersten Tage des neuen Schuljahres sinnvoll zu gestalten und neben Organisatorischem auch Inhalte des Sozialen Lernens einzubauen. Die Schüler sollen sanft auf das Schuljahr eingestimmt werden, Möglichkeiten bekommen aktiv an der Gestaltung des Schullebens teilzunehmen und sich bereits am Beginn des Schuljahres individuelle Ziele zu stecken.

1. Tag: (etwa 2 Stunden)

Einstieg:

Begrüßen Sie die Schüler schon beim Betreten der Klasse durch die Worte: *„Schön, dass ihr wieder da seid!"* an der Tafel. Bei Stundenbeginn erfolgt die persönliche Begrüßung.

Sitzkreis

Bitten Sie die Schüler im Doppelkreis Aufstellung zu nehmen, sodass jeder ein Gegenüber hat. Erklären Sie, dass Sie Aufgaben ansagen werden, die die einander gegenüberstehenden Schüler erledigen sollen. Nach einer kurzen Verabschiedung sollen alle im Außenkreis einen Platz nach rechts rücken und ihren neuen Partner begrüßen.
Nun wird die neue Aufgabe genannt.

Mögliche Anweisungen:
Begrüßt einander ohne Worte!
Klopfe deinem Gegenüber auf die Schulter und sage:
„Schön, dass du wieder da bist!" oder „Ich freue mich, dich zu sehen!"
Schüttelt euch die Hände!
Begrüßt einander auf eure Art!

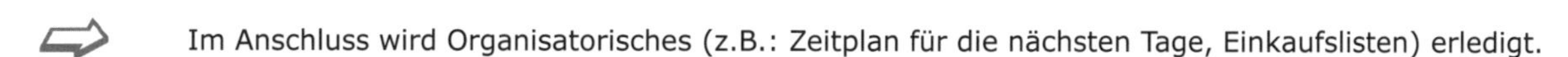

⇨ Im Anschluss wird Organisatorisches (z.B.: Zeitplan für die nächsten Tage, Einkaufslisten) erledigt.

⇨ Geben Sie nun den Schülern die Möglichkeit zum persönlichen Austausch. In den Ferien treffen sich erfahrungsgemäß nur einzelne kleine Grüppchen regelmäßig und einige Schüler sehen ihre Klassenkameraden nach sechs Wochen das erste Mal wieder und haben viel zu erzählen.
Wenn möglich, kann diese Aktivität auch im Pausenhof oder im Pausenbereich stattfinden.

⇨ Nachdem Sie die Sitzordnung wiedehergestellt haben, verteilen Sie die Kopien von KV 2 und bitten Sie die Schüler die Sätze zu vervollständigen. Anschließend soll das AB für die Weiterarbeit am nächsten Tag sicher verwahrt werden!

⇨ Lassen Sie die Schüler nochmals zusammenfassen, was sie bis zum nächsten Tag zu erledigen oder mitzubringen haben!
Bitten Sie sie außerdem Knabbereien, Getränke, CDs etc. für eine kleine Party am nächsten Tag mitzubringen! Möglicherweise wird es nötig sein, jeden Schüler einzeln zu fragen, was er mitbringen wird.

⇨ Zur Verabschiedung sollen so viele Hände wie möglich geschüttelt werden!

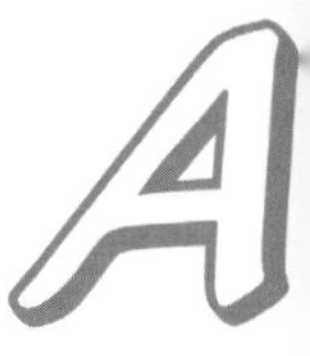

2. Tag: (etwa 4 Stunden)

Einstieg:

Gemeinsam sind wir schnell
(nach: Badegruber, Bernd: Spiele zum Problemlösen., Band 1, 7. Auflage, Veritas, Linz 2002)

Vorbereitung:
Lassen Sie einen Sitzkreis bilden.

Sitzkreis

Spielverlauf:
Auf Ihr Kommando hin sollen die Schüler die Stühle in die von Ihnen gewünschte Ordnung bringen. Dabei soll nicht gesprochen und möglichst leise gearbeitet werden! Die benötigte Zeit wird gestoppt und beim nächsten Durchgang versucht zu verbessern!

Mögliche Kommandos:
Stellt die Stühle wie in einem Kino/Zug/Café/Theater/... auf!

Zuletzt bitten Sie um Wiederherstellung der üblichen Sitzordnung!

⇨ Nun sollen die Schüler ihre Arbeitsblätter vom Vortag zur Hand nehmen und die Sätze entlang der Linien auseinanderschneiden.
Lassen Sie nun 6er-Gruppen bilden. Die Schüler setzen sich zu einer Tischgruppe zusammen. Nun wird Satz 1 von allen in die Mitte des Tisches gelegt und die verschiedenen Sätze werden besprochen. Schließlich soll sich die Gruppe auf eine Aussage einigen, die sinngemäß vielleicht mehrmals vorgekommen ist oder der sich alle Gruppenmitglieder anschließen können. Wichtig ist, dass richtig diskutiert wird und nicht ein Mitglied die Entscheidungen übernimmt! Dieser Satz wird stichwortartig auf der Kopie von KV 3 eingetragen. So wird mit allen Sätzen verfahren. Danach werden die Kärtchen auseinandergeschnitten.

⇨ In der anschließenden Präsentationsrunde werden die Kärtchen aller Gruppen auf dem Plakat bei den entsprechenden Begriffen aufgeklebt. In der folgenden Gesprächsrunde können die Ergebnisse diskutiert und Änderungswünsche besprochen werden. Vielleicht kann der eine oder andere Wunsch gleich erfüllt werden.

Plenum

⇨ Die Schüler sollen nun bei **Ü1** (KV 4) für sie wichtige Ergebnisse eintragen!

⇨ Kündigen Sie in diesem Zusammenhang die Klassensprecherwahl in der nächsten Woche an und hängen Sie eine Kandidatenliste auf. Bitten Sie um Vorbereitung von Wahlplakat und Wahlrede bis zum Montag der nächsten Woche! Informationen dazu finden die Schülerbei **Ü2** (KV 5)!
(Klassensprecherwahl ☞ Genial sozial 1 und Genial sozial 2)

⇨ Erledigen Sie nach einer Pause Organisatorisches. Betonen Sie, dass die geplante Party umso früher beginnen kann, je aufmerksamer und ordentlicher sich die Schüler während dieser Arbeiten verhalten!

⇨ Der Rest des Tages steht ganz im Zeichen der Wiedersehensfeier! Geben Sie Tipps z.B. zum Aufbau des Buffets, lassen Sie die Schüler aber ihre Party möglichst selbstständig organisieren!
Nach dem Fest wird gemeinsam aufgeräumt.

3. Tag: (etwa 4 Stunden)

Fangen - werfen

Vorbereitung:
Sie und die Schüler stellen sich in einem Kreis auf. Sie halten einen weichen Ball in den Händen.

Spielverlauf:
Sie beginnen das Spiel, indem Sie einem Schüler, mit dem Sie zuvor Blickkontakt hergestellt haben, den Ball zuwerfen. Dieser soll nun wieder Blickkontakt zu einer Person suchen und den Ball zuwerfen. Ziel des Spiels ist es, dass alle Teilnehmer eingebunden werden. Der Ball darf nur zugespielt werden, wenn das Gegenüber darauf vorbereitet ist, er soll nicht zu Boden fallen! Es darf nur sanft geworfen werden!

⇨ Stellen Sie die Sitzordnung wieder her und erledigen Sie alles Organisatorische!

Plenum

Nach einer verlängerten Pause im Schulhof oder Pausenraum erklären Sie, dass die Klasse sich nun mit Zielen für die nahe und ferne Zukunft beschäftigen wird.
Bitten Sie die Schüler sich Ziele zu überlegen, die man für sein Leben haben kann. Sammeln Sie richtige „Lebensziele" an der Tafel!

Beispiele:
einen Beruf erlernen
eine Familie gründen
Karriere machen
viel Geld verdienen
in Luxus leben
das Leben genießen
Sicherheit haben
berühmt sein
unabhängig/frei sein
helfen/sich sozial engagieren

Besprechen Sie die einzelnen Begriffe und ergänzen Sie diese gegebenenfalls.
Anschließend sollen die Jugendlichen bei **Ü3** (KV 6) die gesammelten Ziele in der Reihenfolge, wie sie für sie persönlich am wichtigsten sind, eintragen.

Gleich anschließend soll **Ü4** (KV 6) gemacht werden!

Kündigen Sie nun an, dass die Schüler sich bei der nächsten Übung auf eine Zeitreise begeben sollen. Dabei sollen nicht Träume und unrealistische Ziele genannt werden, sondern jeder soll versuchen objektiv einzuschätzen, wie sein Lebensweg verlaufen könnte!
Geben Sie etwa 30 min Zeit zum Ausfüllen von **Ü5** (KV 7)!

Im Anschluss kann einem frei gewählten Partner Einblick in das Geschriebene gewährt und darüber gesprochen werden!

Es bietet sich nun an wiederum eine längere Pause zu machen, in der die Schüler auch Gelegenheit haben sich zu bewegen!

Erklären Sie, dass die folgende Übung schon vom Vorjahr (☞ Genial sozial 2: B6 Hoffentlich...) bekannt ist, es aber wichtig ist, immer wieder auf neue Ziele hinzuarbeiten.
Lesen Sie gemeinsam den Text von **Ü6** (KV 8, 9) und geben Sie etwa 20 min zum Ausfüllen. Sorgen Sie in dieser Zeit für Ruhe – Zielarbeit erfordert hohe Konzentration auf sich selbst!

Nun bekommt jeder Schüler zwei Blatt Papier (verschiedene Farben) und zeichnet auf das eine den Umriss der rechten, auf das andere den Umriss der linken Hand.
In die linke Hand sollen die Schüler all das schreiben, was sie gerne zurücklassen möchten. Dabei kann es sich um schlechte Eigenschaften oder Gewohnheiten handeln, die ihnen das (Schul-)Leben schwer machen oder um andere negative Dinge, von denen sie sich befreien wollen. Im Umriss der rechten Hand soll alles notiert werden, was die Schüler mitnehmen möchten (gute Eigenschaften, ...) oder worauf sie in diesem Jahr hinarbeiten wollen.
Die rechten Hände (mit Namen versehen) können dann auf einem großen Plakat aufgeklebt und in der Klasse ausgestellt werden.
Die linken Hände werden zerknüllt oder in kleine Teile zerrissen und mit den Worten *„Das will ich nicht mehr!"* in den Papierkorb geworfen!

Notizen: ____________________

Hallo,
schön, dass ihr wieder
dabei seid! Auch in diesem
Jahr warten unterhaltsame und
informative Stunden auf uns.
Ihr werdet sehen!

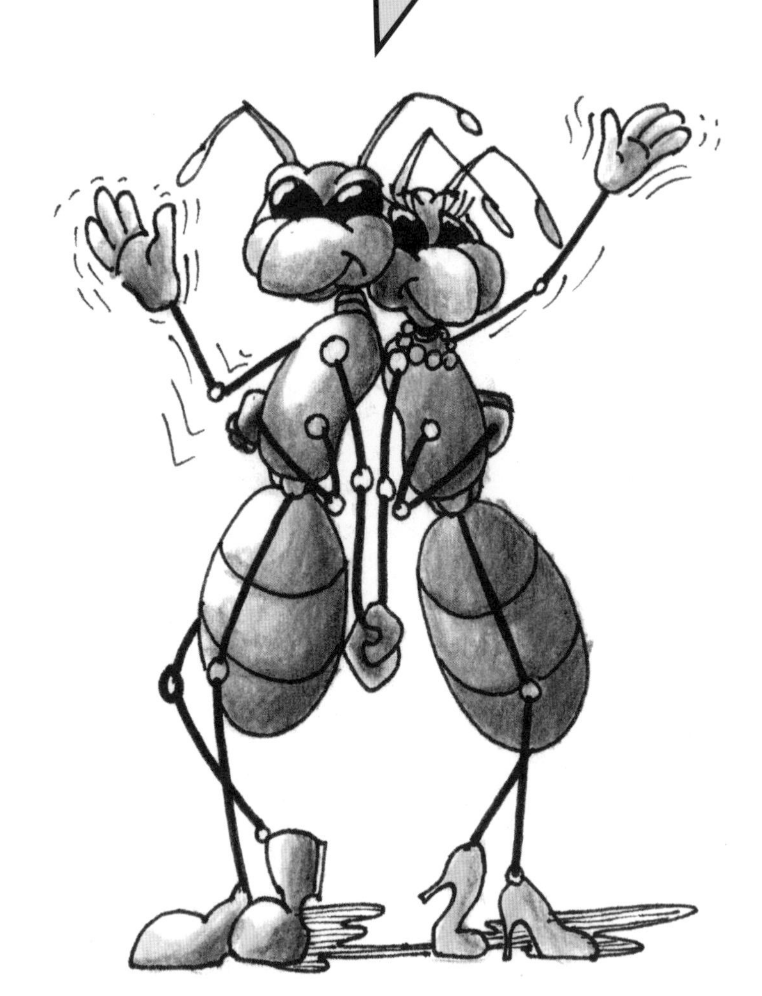

Deine Meinung ist gefragt!

Mir gefällt an dieser Schule, dass ...

Mir gefällt an dieser Schule nicht, dass ...

An der Schulordnung stört mich ...

An der Schulordnung finde ich gut, dass ...

Es macht Spaß in die Schule zu gehen, wenn ...

Manchmal fürchte ich mich vor ...

, weil ...

In der Klasse gefällt mir ...

In der Klasse gefällt mir nicht ...

Wir sollten im Unterricht öfter ...

Wir sollten nicht so oft ...

Ich würde im Unterricht gerne ...

In den Pausen will ich ...

In den Pausen will ich nicht ...

Ich hätte gerne, dass unsere Lehrer und Lehrerinnen ...

Ich will nicht, dass unsere Lehrer und Lehrerinnen ...

An unserer Klassengemeinschaft ist gut, dass ...

An unserer Klassengemeinschaft stört mich, dass ...

Das würde ich gerne ändern:

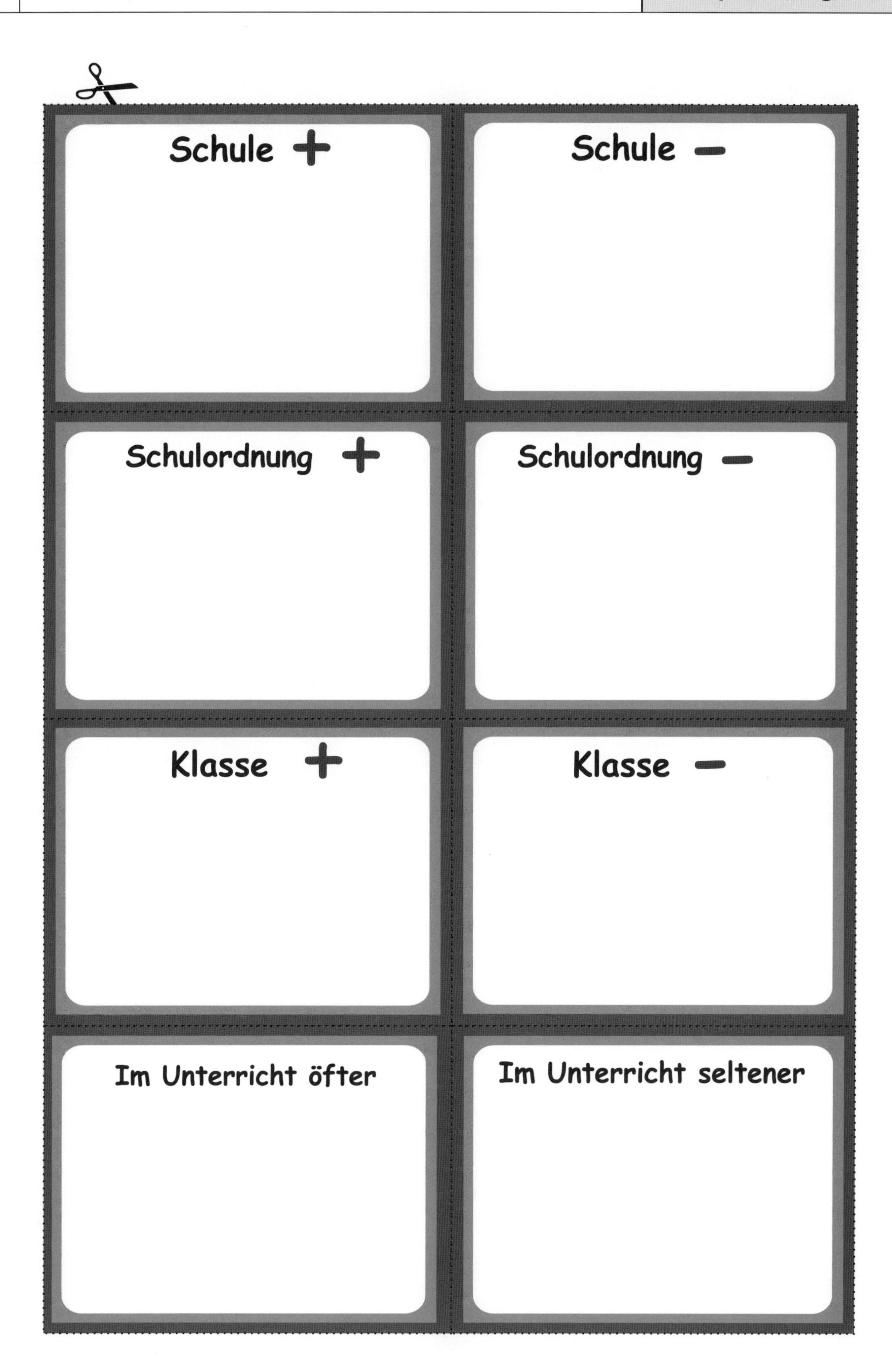
Schule +
Schule –
Schulordnung +
Schulordnung –
Klasse +
Klasse –
Im Unterricht öfter
Im Unterricht seltener

Pause +
Pause −
Lehrer und Lehrerinnen +
Lehrer und Lehrerinnen −
Klassengemeinschaft +
Klassengemeinschaft −
Änderungswünsche

Ü 1 *Ihr habt heute intensiv daran gearbeitet, eure Meinungen zur und Wünsche für die Schule zu sammeln und zu diskutieren, welche davon umsetzbar sind und welche nicht. Hier habt ihr Platz, die Ergebnisse einzutragen, die für euch wichtig sind!*

Unsere Meinungen zur Schulsituation

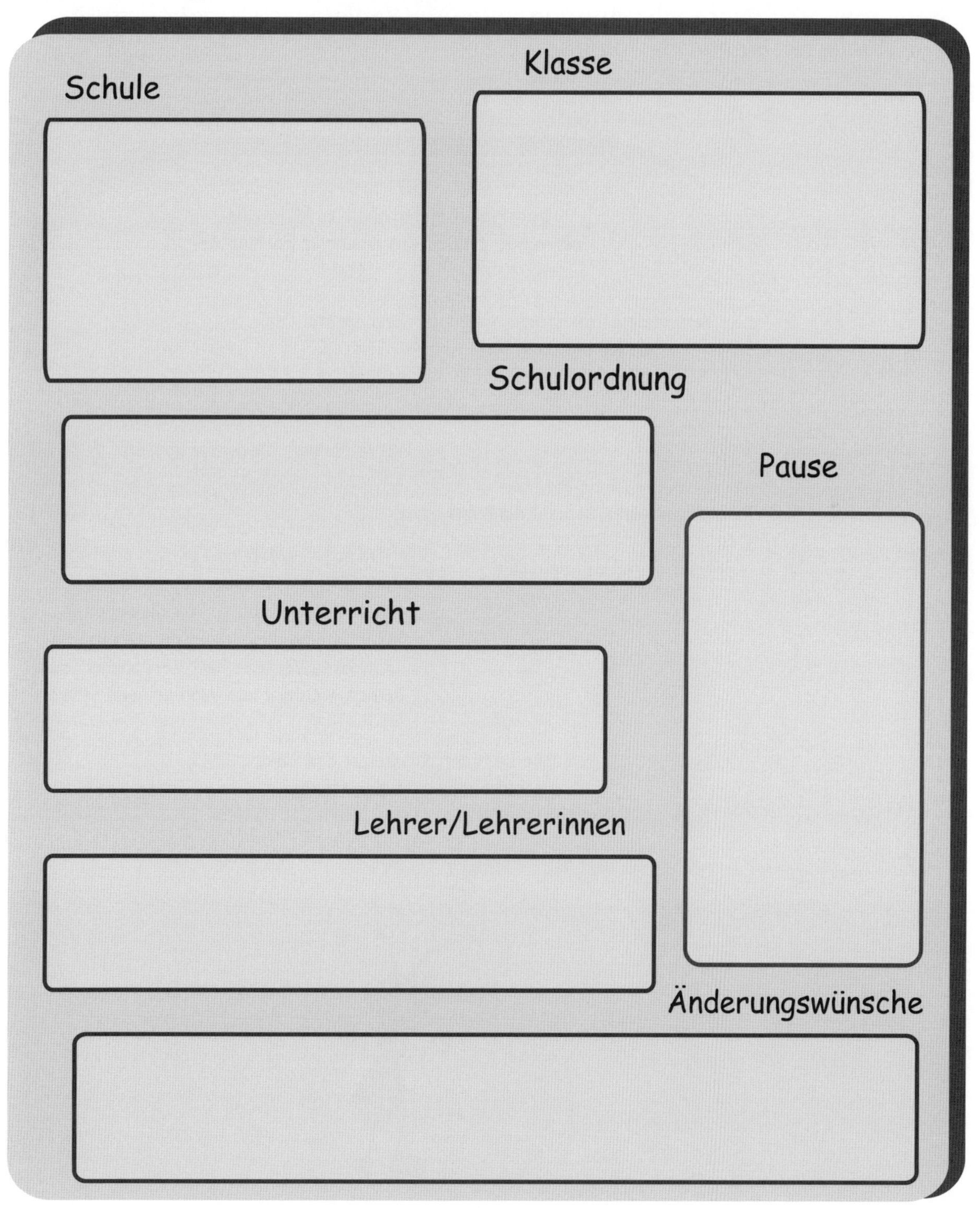

Möchtest du Klassensprecher/Klassensprecherin werden?

In den vergangenen Jahren hast du Erfahrungen darüber sammeln können, über welche Eigenschaften ein guter Klassensprecher/eine gute Klassensprecherin verfügen muss und welche Aufgaben er oder sie zu bewältigen hat. Falls du dich in diesem Schuljahr gerne zur Wahl stellen willst, musst du folgende Dinge vorbereiten:

1 Fertige ein Wahlplakat an!

Du sollst nun dein persönliches Wahlplakat gestalten! Du fragst dich, wie das geht? Du hast keine Ahnung, wie ein Wahlplakat aussehen soll? Vielleicht helfen dir folgende Tipps:

Dein Plakat sollte nicht zu klein sein, verwende mindestens Papier im Format A3!

Verwende etwas stärkeres Papier, das ist stabiler! Du kannst dann jede Art von Stiften verwenden und auch Bilder aufkleben!

Wähle Farben, die zu dir passen!

Bedenke, dass deine Schrift auch aus einiger Entfernung lesbar sein sollte! Schreibe groß und deutlich!

Überlege dir Wahlslogans! Du sollst Werbung für dich machen! Womit/mit welchen Eigenschaften und Fähigkeiten kannst du werben? Oder fallen dir andere Werbesprüche für deine Vorteile ein? Versprichst du deinen Wählern und Wählerinnen etwas?

Schreibe nicht zu viel auf das Plakat, sonst wird es unübersichtlich! Vergiss aber nicht, deinen Namen zu nennen!

2 Bereite eine kurze Wahlrede vor!

Du hast die Möglichkeit, dich in drei Minuten als perfekter Kandidat oder perfekte Kandidatin für die Klassensprecherwahl darzustellen!

- ☺ Stelle dich kurz vor!
- ☺ Du kannst auch über deine Vorlieben und Hobbys erzählen!
- ☺ Wichtig ist, dass du den Zuhörern/Zuhörerinnen erklärst, warum gerade du der Richtige/die Richtige für dieses Amt bist!
- ☺ Stelle dich so gut wie möglich dar, bleibe aber realistisch!
- ☺ Erzähle, welche Vorstellungen du für dieses Amt hast und wofür du dich einsetzen willst!
- ☺ Beende deine Rede mit der Aufforderung, dich zu wählen oder verwende einen guten Werbeslogan!

Ü 3

Meine Ziele fürs Leben ...

Trage hier deine „Lebensziele" ein. Beginne mit dem Ziel, das für dich am wichtigsten ist!
An zweiter Stelle folgt das zweitwichtigste usw.
Du musst nicht alle zehn Zeilen ausfüllen!

1
2
3
4
5
6
7
8
9
10

Ü 4

Wie erreiche ich meine Ziele?

Du hast dir nun überlegt, was du im Leben erreichen willst, worauf du hinarbeiten willst. Was wirst du alles tun müssen, damit du die für dich wichtigsten Ziele erreichen kannst?

Zeitreise in meine Zukunft ...

Bei dieser Übung sollst du dich auf eine Zeitreise begeben! Wie wird dein Leben verlaufen? Versuche, nicht Träume und unrealistische Ziele zu nennen, sondern realistisch einzuschätzen, wie dein Lebensweg verlaufen könnte!

Beschreibe ...

☞ deine Freizeitbeschäftigung / Hobbys im Jahr 2014:
Ich bin ____ Jahre alt. ____

☞ deine berufliche Situation im Jahr 2015:
Ich bin ____ Jahre alt. ____

☞ deine Probleme im Jahr 2016:
Ich bin jetzt ____ Jahre alt. ____

☞ wie und wo du 2020 wohnen wirst:
Ich habe gerade meinen ____ Geburtstag gefeiert. ____

☞ deine Urlaubsreise 2025:
Ich bin nun schon ____ Jahre alt. ____

☞ deinen Arbeitsplatz im Jahr 2030:
Ich habe bald meinen ____ Geburtstag. ____

☞ deine private Situation (Beziehung, Familie) 2035:
Jetzt bin ich ____. ____

☞ deine Wünsche im Jahr 2040:
(Im Alter von ____ Jahren) ____

Ü 6 ***Mein Ziel vor Augen***

Schreibe in das Kästchen ein Ziel, auf das du in nächster Zeit hinarbeiten möchtest! (Vergiss nicht: positiv formulieren!)

Mein
persönliches
Ziel

Versuche, für dich folgende Fragen zu beantworten:

Was genau möchte ich erreichen und warum?

Ist das für dich wirklich wichtig?

Bis wann möchte ich das erreichen?

Reicht diese Zeit aus?

Was kann/muss ich tun, um dieses Ziel zu erreichen?

Wer oder was kann mir dabei helfen?

Woran werde ich merken, dass ich mein Ziel erreicht habe?

Wie werden die anderen reagieren?

Was ist der Preis dafür? Verliere ich etwas oder ändert sich etwas, das ich gut finde?

Was ist mein erster Schritt, um mein Ziel zu erreichen?

1. Pudelwohl oder hundeelend?

Thema: Gefühle benennen und einschätzen

Doppelstunde

Ziele:

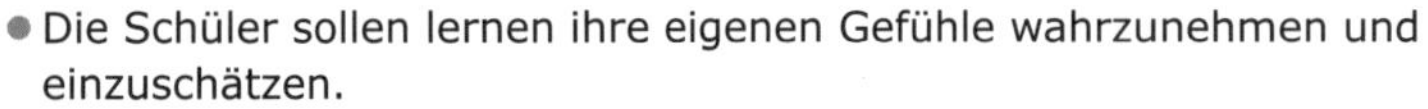

- Die Schüler sollen lernen ihre eigenen Gefühle wahrzunehmen und einzuschätzen.
- Sie sollen wissen, dass unterdrückte Gefühle zu destruktiven Handlungen oder Krankheit führen können.
- Sie sollen Schritt für Schritt lernen mit ihren Gefühlen umzugehen.

In dieser Stunde brauchen Sie:

- Folie von KV 10
- Kopien von KV 11–14 in Klassenstärke
- je ein A3-Zeichenblatt, 2 A4-Zeichenblätter und einen schwarzen Naturpapierbogen pro Schüler
- 5 Klebepunkte pro Schüler
- Lineale, Scheren, Klebstoff

Vorüberlegungen:

Oft fällt es Jugendlichen schwer, Zugang zu ihrer persönlichen Gefühlswelt zu finden. Manchmal mangelt es ihnen auch an Begriffen, die Gefühle zu definieren. Das Reflektieren der eigenen Gefühle und das Benennen und Einschätzen dieser ist eine wichtige Voraussetzung für richtiges Konfliktmanagement.

Einstieg:

Legen Sie als stummen Impuls die Folie von KV 10 auf und erklären Sie, dass es sich dabei um das Thema der Stunde handelt! Sie können einen Hinweis geben, indem Sie *„Ich fühle mich ..."* dazuschreiben.

Nachdem die Schüler erarbeitet haben, dass es sich um Beschreibungen von gegensätzlichen Gefühlen handelt, sammeln Sie einige Gefühlspaare an der Tafel und klären Sie gemeinsam die Begriffe.
Z.B.: Liebe/Hass
Freude/Ärger

Bitten Sie nun die Schüler **Ü1** (KV 11) zu machen!

Lassen Sie anschließend einige Freiwillige die Situationen, die bei ihnen besonders unangenehme oder besonders angenehme Gefühle hervorrufen, vorlesen!

Lesen Sie gemeinsam den Text bei **Ü2** (KV 12) und lassen Sie die Schüler Beispiele finden!
Fordern Sie die Jugendlichen auf, eigene Beispiele zu anderen Gefühlen zu finden und drei davon auf dem AB einzutragen!

Legen Sie nun nochmals die Folie von KV 10 auf und fragen Sie nach den Namen der hier genannten Gefühle. Schreiben Sie „Fröhlichkeit" und „Traurigkeit" zu den Bildern und sammeln Sie im anschließenden Unterrichtsgespräch Situationen, die fröhlich oder traurig machen, z.B.: eine gelungene Arbeit, Lob der Eltern oder Lehrer, Tod der Oma, Scheidung der Eltern, Streit mit der Freundin.

Bitten Sie die Schüler **Ü3** (KV 13) zu machen. Vergleichen Sie anschließend die Ergebnisse!

Erklären Sie, dass jeder Schüler jetzt ein *„Gefühlsbild"* herstellen soll. Die Arbeitsanweisung befindet sich bei **Ü4** (KV 14) und soll möglichst selbstständig befolgt werden! Legen Sie die benötigten Materialien bereit und helfen Sie, wenn nötig, individuell.

Reflexion:

Gestalten Sie mit den fertigen Kunstwerken eine Klassenausstellung. Verteilen Sie fünf Klebepunkte an jeden Schüler und bitten Sie diese, die Punkte zu den Bildern zu kleben, die ihrer Meinung nach die Gefühle am besten ausdrücken! Es kann jeder Punkt einzeln oder alle gemeinsam vergeben werden.

Ü 1 *Schätze deine Gefühle ein, indem du ein **+** für ein angenehmes, ein **–** für ein unangenehmes Gefühl in die Kästchen schreibst!*

Was ist das für ein Gefühl, wenn ...

A	keiner Zeit für dich hat.	
B	du Geburtstag hast.	
C	deine Klassenarbeit schlecht ausgefallen ist, obwohl du viel gelernt hast.	
D	ein Nachbar dir ständig Sachen wegnimmt, ohne sie zurückzugeben.	
E	du vor einem warmen Ofen oder einem gemütlichen Feuer sitzt, während es draußen stürmt und schneit.	
F	sich jemand bei dir bedankt.	
G	dein Lehrer/deine Lehrerin behauptet, du hättest abgeschrieben.	
H	du jemandem ein Geschenk überreichst.	
I	du deine Lieblingsmusik hörst.	
J	dein Freund/deine Freundin dich vor allen auf den Mund küsst.	
K	dein bester Freund oder deine beste Freundin dich hintergeht.	
L	du ein kleines Kätzchen streichelst.	
M	deine Mutter oder dein Vater dich in den Arm nimmt und dir sagt, wie lieb er oder sie dich hat.	
N	du in einem Fach, in dem du sonst Schwierigkeiten hast, eine gute Note bekommst.	
O	du zum ersten Mal nach den Ferien die Schule betrittst.	
P	du nicht rauchen willst, obwohl alle es tun.	
Q	ein Lehrer oder eine Lehrerin dich lobt.	
R	zwei deiner Freunde/Freundinnen sich heftig streiten.	
S	du der oder die Einzige bist, die abends nicht lange ausgehen darf.	
T	du dich mit deinem Freund oder deiner Freundin	
U	ausgesprochen hast.	
U	du dich getraut hast, deine Meinung zu sagen.	
V	du gleich eine Klassenarbeit schreiben wirst.	
W	der Junge/das Mädchen, den/das du magst, sich mit jemand anderem trifft.	

Oft ist es gar nicht so einfach, seine Gefühle zu benennen. Man spürt zwar, dass man sich schlecht fühlt, weiß aber nicht so recht, ob es sich dabei um Wut, Traurigkeit oder gar Angst handelt. Leider ignorieren viele Menschen ihre negativen Gefühle oder „schlucken sie hinunter". Verdrängte Gefühle machen aber auf Dauer krank! Je mehr man sich mit seinen Gefühlen auseinandersetzt und sie versteht, desto besser kann man mit ihnen umgehen.

*Versuche, aus den Sätzen von **Ü1** (KV 11) zu jedem der unten genannten Gefühle ein Beispiel zu finden, und schreibe den entsprechenden Buchstaben in das Kästchen!*

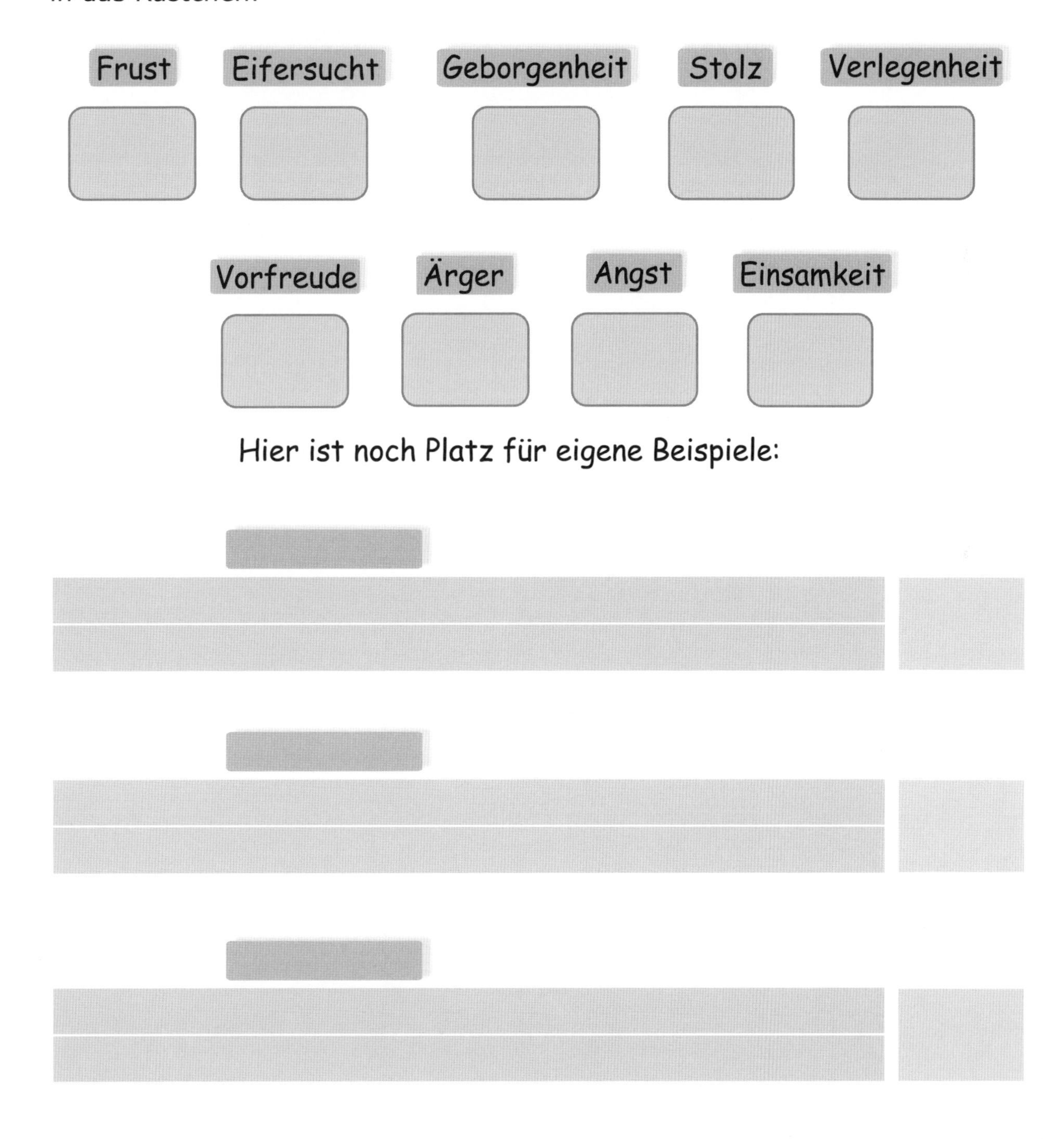

Ü 3 *Ordne die Satzteile in die richtige Spalte ein!*

lasse ich den Kopf und die Schultern hängen
kommen mir die Tränen
muss ich lächeln
summe ich ein Lied
erscheint mir alles grau in grau
könnte ich Bäume ausreißen

Wenn ich fröhlich bin, ...	Wenn ich traurig bin, ...

Welche Farben passen zu diesem Gefühl?	Welche Farben passen zu diesem Gefühl?

Arbeitsanweisung: *Gefühlsbild: Fröhlichkeit/Traurigkeit*

1. Nimm ein weißes Zeichenblatt (A4-Hochformat) zur Hand und gestalte es zum Thema „Fröhlichkeit“. Wähle entsprechende Farben und Formen! Lass es anschließend trocknen!

2. Nimm ein weißes Zeichenblatt (A4-Hochformat) zur Hand und gestalte es zum Thema „Traurigkeit“. Wähle entsprechende Farben und Formen! Lass es anschließend trocknen!

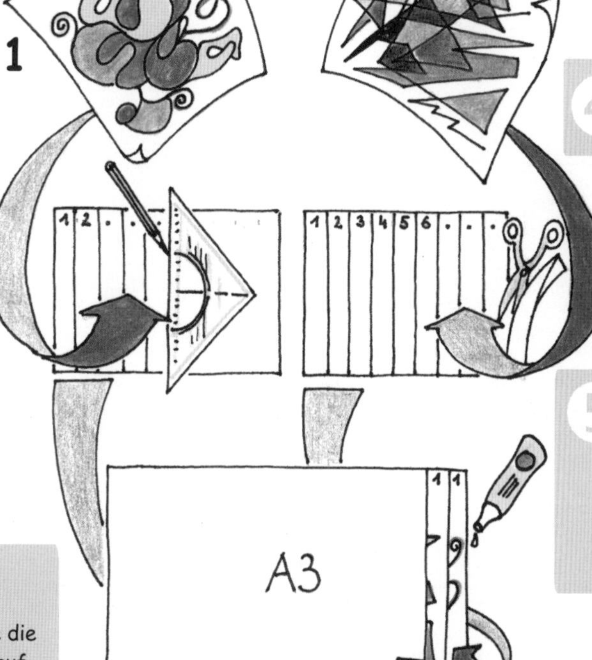

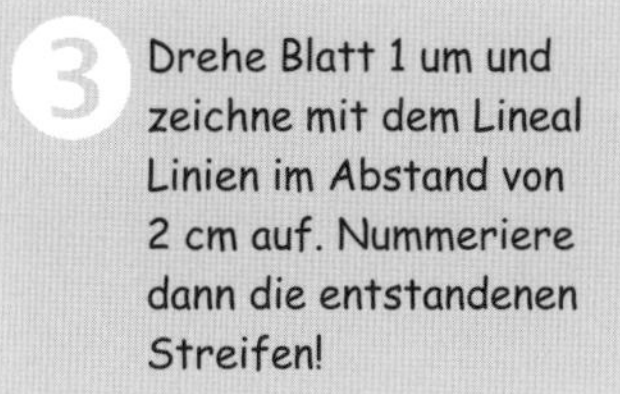

3. Drehe Blatt 1 um und zeichne mit dem Lineal Linien im Abstand von 2 cm auf. Nummeriere dann die entstandenen Streifen!

4. Verfahre mit Blatt 2 ebenso!

5. Schneide nun die Blätter entlang der Linien auseinander! Pass auf, dass du die Streifen von Blatt 1 und Blatt 2 nicht durcheinanderbringst!

6. Nimm nun ein großes Zeichenblatt (A3-Querformat) und klebe die Streifen abwechselnd auf. Beginne am rechten Rand des Zeichenblattes mit Streifen 1 von Blatt 1. Danach folgt Streifen 1 von Blatt 2, dann Streifen 2 von Blatt 1 usw.

7. Wenn die Streifen gut kleben, falte das Blatt immer da, wo zwei Streifen aneinanderstoßen! Wenn du fertig bist, sieht das Blatt wie eine Ziehharmonika aus!

8. Klebe nun das gefaltete Blatt in der Mitte eines schwarzen Naturpapierbogens auf!

9. Fertig ist dein Gefühlsbild! Betrachte es einmal von links, einmal von rechts, was siehst du?

Thema: Gefühle ausdrücken

Doppelstunde

Ziele:

- Die Schüler sollen lernen ihre Gefühle zu artikulieren.
- Sie sollen Wege kennenlernen ihre Gefühle auszudrücken.

In dieser Stunde brauchen Sie:
- Kopien von KV 15, 16, 18–22 in Klassenstärke
- Kopien von KV 17 (vergrößert)
- Kopien der Arbeitsanweisungen (KV 20)
- Orff-Instrumente
- CD-Player
- Tonträger mit unterschiedlichen Musikstücken (aggressiver Hardrock, traurige Ballade, Liebeslied, beschwingte klassische Musik, Trauermarsch, Angst erzeugende Filmmusik, ...)
- wenn möglich 3 getrennte Räume für Gruppenarbeit

Vorüberlegungen:

In diesem Kapitel geht es darum, die eigenen Gefühle zum Ausdruck zu bringen und diese nicht „hinunterzuschlucken" oder zu ignorieren, was zu Krankheiten führen kann und schlussendlich auch zu Überreaktionen und Gewalt.

Einstieg:

Stimmungsbingo

Verteilen Sie je eine Kopie von KV 15 und eine von KV 16 an die Schüler und bitten Sie diese sich 6 Kärtchen auszusuchen, diese auszuschneiden und auf den Bingoschein (KV 16) zu kleben.

Anschließend sollen alle ihre Bingoscheine vor sich hinlegen und einen Stift zur Hand nehmen. Erklären Sie, dass es darum geht zu erkennen, welches Gefühl oder welche Stimmung die Mimik des Gesichtes, das Sie ihnen zeigen werden, ausdrückt. Die Schüler sollen den richtigen Satz zu dem Gesichtsausdruck auf der von Ihnen gezeigten Bildkarte (KV 17) nennen. Sollte sich dieser auf ihrem Bingoschein befinden, wird er angekreuzt. Sieger ist, wer zuerst alle Bingofelder angekreuzt hat und „Bingo!" ruft.
Mischen Sie nun die Bildkarten ordentlich durch und ziehen Sie eine. Zeigen Sie den Schülern das Bild. Diese raten nun, was die gezeigte Mimik ausdrückt. Wird der richtige Satz genannt, bestätigen Sie diesen und ziehen die nächste Karte. Fahren Sie fort, bis jemand „Bingo!" ruft.

Lesen Sie nun gemeinsam **Ü1** (KV 18) und geben Sie etwa 10 min Zeit zum Ausfüllen! Vergleichen Sie anschließend die Ergebnisse.

Ü2 (KV 19) sollen die Schüler nun in PA lösen!

Sammeln Sie in einem kurzen Unterrichtsgespräch Beispiele, wie Musik oder Geräusche als „Stimmungsmacher" eingesetzt werden (z.B.: Filmmusik, Jingles bei Quizshows, Johlen, Pfeifen und Klatschen eines Publikums, ...)
Erklären Sie, dass es in der folgenden Gruppenarbeit darum geht, Stimmungen und Gefühle akustisch auszudrücken.
Bitten Sie die Schüler sich je nach Interesse einer der drei Gruppen zuzuordnen. Geben Sie nur die gewünschte Gruppengröße vor!

Gruppe 1 soll mithilfe von Orff-Instrumenten Improvisationen zu den angegebenen Gefühlen/Stimmungen erfinden!
Gruppe 2 bekommt eine Auswahl an Tonträgern mit völlig unterschiedlichen Musikstücken und soll jedem Hörbeispiel ein Gefühl zuordnen!
Gruppe 3 soll durch Körpergeräusche und Laute (keine Wörter!) Stimmungen ausdrücken!

Verteilen Sie die entsprechenden Arbeitsaufträge (KV 20) und Hilfsmittel an die Schüler und weisen Sie Räume zu. Geben Sie einen Zeitrahmen von etwa 15 min vor.

Plenum

Im Plenum sollen die Gruppen nun kurz über ihre Erfahrungen berichten!

Bitten Sie die Schüler **Ü3** (KV 21) zu lesen und erarbeiten Sie gemeinsam Beispiele für besseren Umgang mit den entsprechenden Gefühlen! Lassen Sie diese auf dem AB eintragen.

Reflexion:

Eventuelle Hausaufgabe: Die Schüler sollen in **Ü4** (KV 22) den Text über das Tagebuch lesen und ab jetzt regelmäßig ein persönliches Tagebuch führen! Beginnen könnte der Eintrag mit einer kurzen Reflexion dieser Stunde!

Notizen:

Ich bin zufrieden!
Ich bin aggressiv!
Ich bin wütend!
Ich bin traurig!
Ich bin schüchtern!
Ich bin neugierig!
Ich fürchte mich!
Ich bin stolz!
Ich bin entspannt!
Ich freue mich!
Ich bin gelangweilt!
Ich bin verliebt!

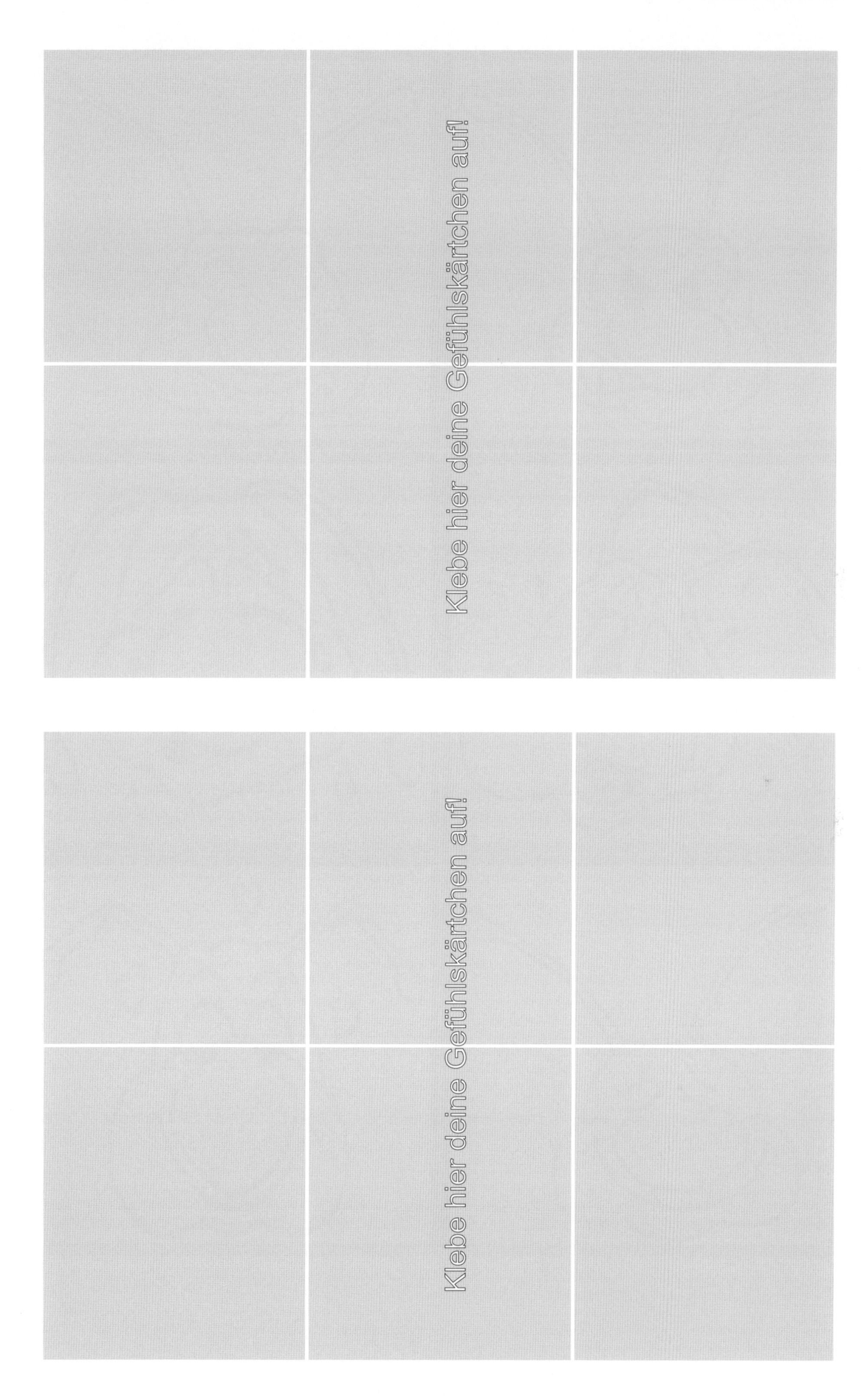
Klebe hier deine Gefühlskärtchen auf!
Klebe hier deine Gefühlskärtchen auf!

B

2. Gefühlschaos?

Kopiervorlage 18

Wie du schon weißt, ist es sehr wichtig, dass man seine Gefühle einschätzen und benennen kann. Das alleine aber reicht nicht! Wenn du deine Gefühle (= Emotionen) immer unkontrolliert auslebst, wenn zum Beispiel deine Wut dich dazu bringt, Sachen durchs Zimmer zu werfen oder andere aggressiv anzugreifen, so ist das genauso schlecht, wie wenn du deine Gefühle immer verdrängst und nicht zulässt! Gefühle sollte man also erkennen, sie zulassen und lernen, sie auszudrücken und kontrolliert damit umzugehen.
Man kann Gefühle unterschiedlich ausdrücken. Oft zeigt ein bestimmter Gesichtsausdruck (= Mimik) oder die Körperhaltung, wie jemand sich fühlt. Sehr klar kann man seine Gefühle und Stimmungen auch durch Worte ausdrücken, wobei es aber sehr auf die Formulierung ankommt.

Ü 1 ***Was unsere Mimik verrät ...***

Versuche, die Aussagen aus dem Kästchen den Gesichtern richtig zuzuordnen!

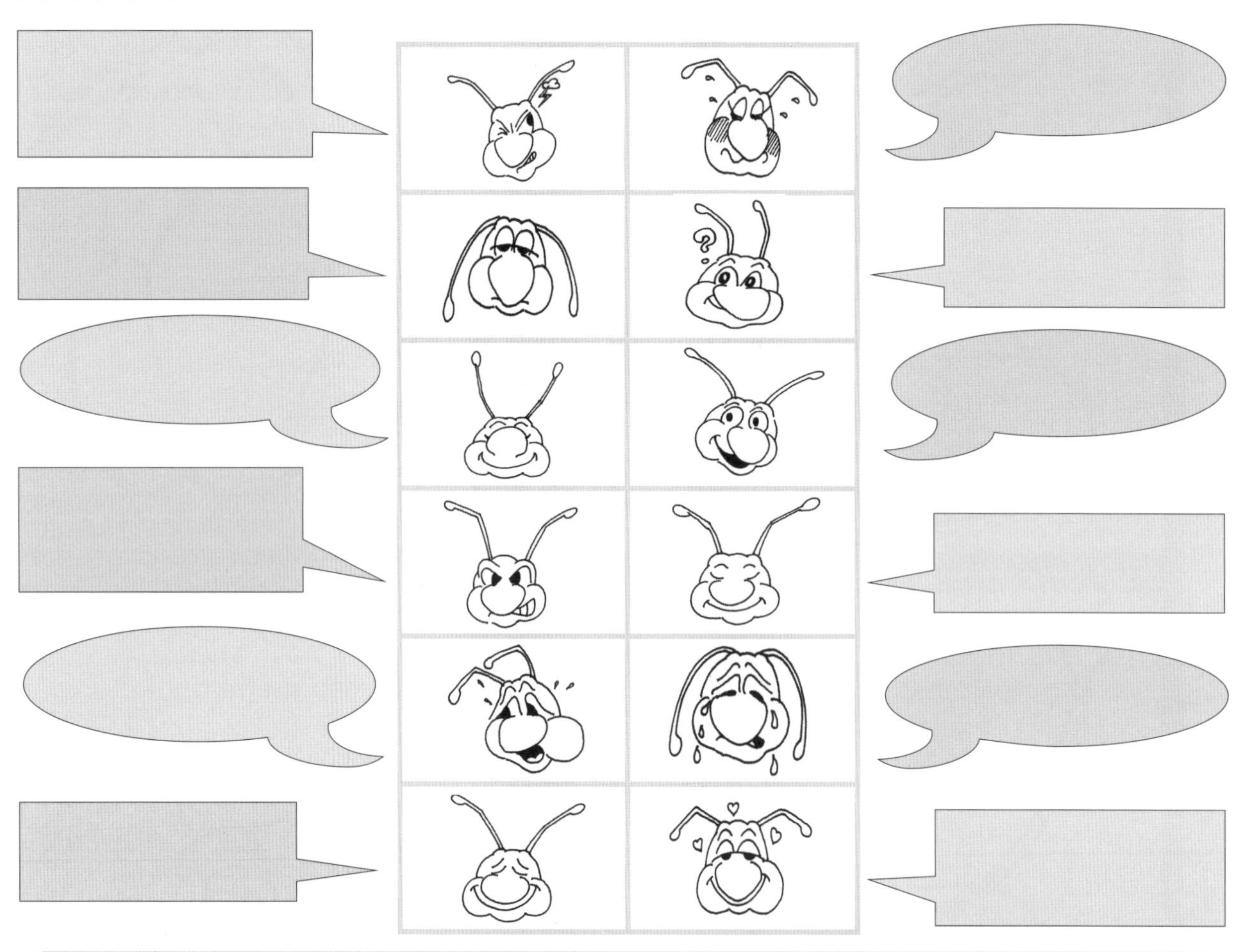

Ich bin wütend! Ich bin verliebt! Ich freue mich!
Ich bin entspannt! Ich bin aggressiv! Ich bin neugierig!
Ich fürchte mich! Ich bin gelangweilt! Ich bin stolz!
Ich bin traurig! Ich bin zufrieden! Ich bin schüchtern!

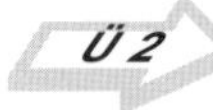

Wenn der Körper spricht ...

In welcher Stimmung sind die Jugendlichen auf den Fotos? Was könnten sie fühlen?

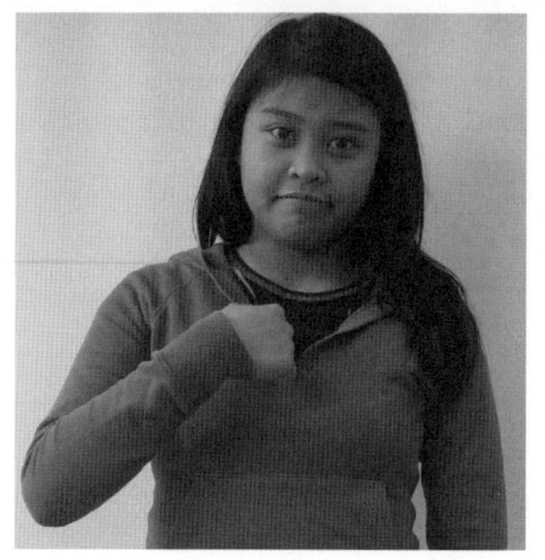

Gruppe 1

Ihr sollt mithilfe der Orff-Instrumente zu den angegebenen Gefühlen/ Stimmungen kurze Musikstücke erfinden! Versucht, euch in das Gefühl hineinzudenken. Wie könnte man es mit dem Instrument umsetzen? Probiert so lange aus, bis die Gruppe mit dem Ergebnis zufrieden ist!

Ihr braucht dazu: verschiedene Orff-Instrumente
Folgende Gefühle und Stimmungen sollt ihr in Musik umsetzen:

Traurigkeit
Fröhlichkeit
Ärger/Wut
Angst
Viel Spaß beim Musizieren und Ausprobieren!

Gruppe 2

Ihr sollt euch die unterschiedlichen Musikstücke anhören und gemeinsam entscheiden, welches Gefühl dadurch ausgedrückt oder auch hervorgerufen wird!

Ihr braucht dazu: einen CD-Player und die CDs mit den Hörbeispielen

Schreibt hier eure Ergebnisse auf:

Viel Spaß beim Anhören und Diskutieren!

Gruppe 3

Ihr sollt durch Körpergeräusche und Laute (keine Wörter!) die Stimmungen ausdrücken, die die unten beschriebenen Situationen bei euch hervorrufen!
Besprecht anschließend, um welche Stimmungen/Gefühle es sich dabei gehandelt hat!
Wie könnte man diese Stimmungen mit Mimik (= Gesichtsausdruck) und Körperhaltung ausdrücken? Probiert auch das aus!

- Du hast ein tolles Konzert besucht und die Band will sich gerade verabschieden.
- Bei einer Schülerversammlung erklärt euch der Schulsprecher, dass das geplante Schulfest nicht stattfinden wird.
- Beim Spielen wirst du gefoult. Du stürzt und verlierst den Ball an die Gegner.
- Deine Eltern erzählen dir, dass du endlich dein heiß ersehntes Haustier bekommst.
- Dein bester Freund/deine beste Freundin erzählt dir, dass er/sie in eine andere Stadt zieht.

Viel Spaß beim Ausprobieren!

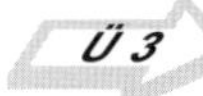

Wie Gedanken unser Verhalten beeinflussen ...

Gedanken und Gefühle in einer bestimmten Situation beeinflussen uns auch in der Art, wie wir uns verhalten, und darin, was wir laut sagen.

Niki wird von einem größeren Klassenkameraden ständig angerempelt und gestoßen. Er ärgert sich schrecklich darüber und denkt sich: „ Nächstes Mal sage ich dir die Meinung! Ich lasse mich doch nicht von dir herumschubsen!" Aber was wäre, wenn Alex ihn dann erst richtig angreift? Und wenn die anderen Jungen ihn dann auslachen? Vielleicht mögen sie alle Alex viel lieber als ihn? Niki fühlt sich minderwertig und schwach. Um der Situation zu entkommen, geht er Alex total aus dem Weg und spricht kein Wort mit ihm.

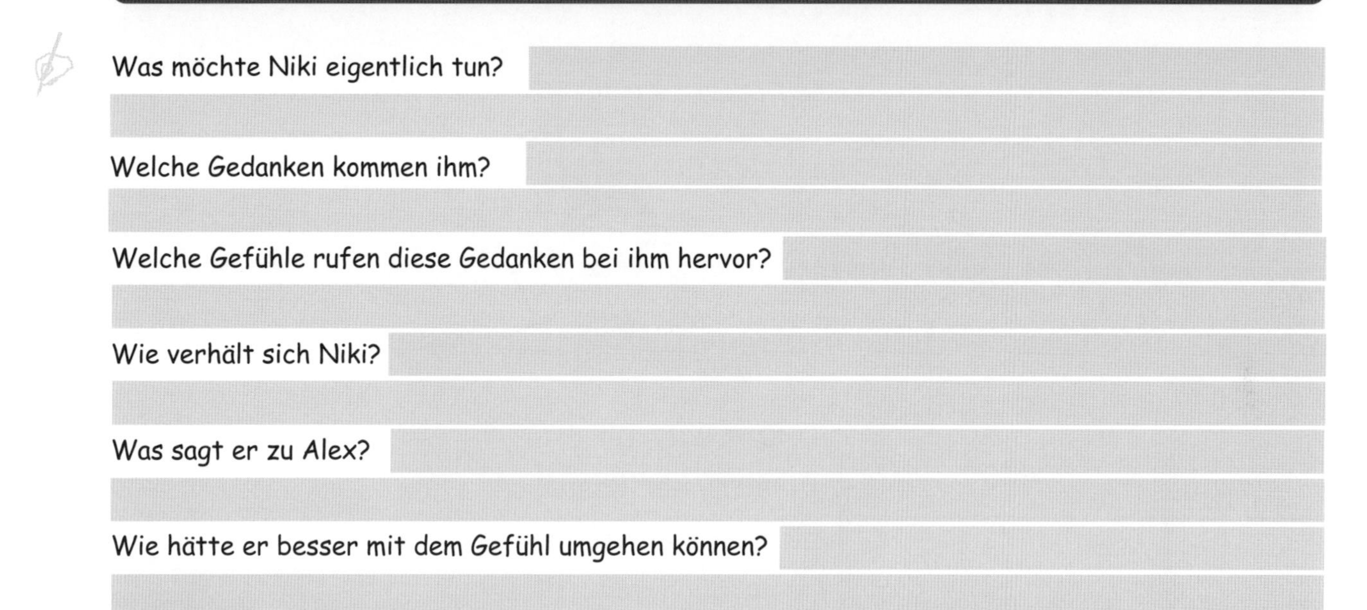

Was möchte Niki eigentlich tun?

Welche Gedanken kommen ihm?

Welche Gefühle rufen diese Gedanken bei ihm hervor?

Wie verhält sich Niki?

Was sagt er zu Alex?

Wie hätte er besser mit dem Gefühl umgehen können?

Bei einer Party steht Dragana allein in einer Ecke. Keiner spricht mit ihr oder fordert sie zum Tanzen auf. Sie würde gerne allein auf die Tanzfläche gehen. Sie sagt zu sich: „Ich habe so große Lust zu tanzen! Ich kann das auch alleine!" Aber was, wenn die anderen sie nicht dabeihaben wollen? Es gibt sicher einen Grund, warum niemand zu ihr kommt! Und was, wenn alle die Tanzfläche verlassen, wenn sie kommt? Dragana wird immer unsicherer. Sie geht zu ihrer Freundin und sagt: „So eine blöde Party! Bei so schlechter Musik will ich echt nicht tanzen!"

Was möchte Dragana eigentlich tun?

Welche Gedanken kommen ihr?

Welche Gefühle rufen diese Gedanken bei ihr hervor?

Wie verhält sich Dragana?

Was sagt sie zu ihrer Freundin?

Wie hätte sie besser mit dem Gefühl umgehen können?

Wem man Gefühle anvertraut ...

Oft ist es sehr schwierig, jemanden zu finden, mit dem man über seine wahren Gefühle sprechen kann. Man fragt sich, was die anderen denken würden und hat vielleicht auch Angst, verspottet oder missverstanden zu werden.
Der falsche Weg aber wäre, diese „unaussprechlichen" Gefühle hinunterzuschlucken! Möglicherweise hilft es, diese aufzuschreiben.
Lege dir ein Tagebuch zu, dem du von jetzt an Tag für Tag alle deine Erlebnisse, Gefühle, Stimmungen und Geheimnisse anvertraust!

Dieses Buch ist dein persönlicher Besitz und niemand hat das Recht, es zu lesen, auch deine Eltern und Geschwister nicht! Suche dir also ein geheimes Versteck dafür! Du kannst hineinschreiben, wann, was und wie viel du willst. Manchmal wird dein Eintrag nur kurz ausfallen, ein andermal schreibst du vielleicht einige Seiten voll!

Auf Rechtschreibung und Schönschrift musst du dabei auch nicht achten. Toll, oder? Wenn du keine Lust hast, dir deine Finger wund zu schreiben, kannst du dir auch am Computer eine geheime „Tagebuchdatei" anlegen! Besorge dir noch heute ein Heft oder Büchlein und beginne deine Eintragungen damit, dass du kurz schreibst, wie es dir in den Schulstunden mit dem Thema „Gefühle" ergangen ist.

Thema: Gefühle der anderen respektieren

Einzel- oder Doppelstunde

Ziele:

- Die Schüler sollen erkennen, dass Menschen oft sehr unterschiedlich empfinden und mit ihren Gefühlen anders umgehen als sie selbst.
- Sie sollen die Stimmungen anderer sensibel einschätzen lernen, um adäquat reagieren zu können.
- Sie sollen die Gefühle anderer respektieren und Verletzungen vermeiden.

In dieser Stunde brauchen Sie:

- KV 23-25 in Klassenstärke
- Musik
- etwa 10 Bilder für eine „Gefühlsausstellung" (z.B. Kalenderblätter, Drucke) oder eine eigens erstellte Powerpoint-Präsentation
- eventuell Laptop, Beamer

Vorüberlegungen:

Die Fähigkeit, sich in andere Menschen hineinzuversetzen und deren Gefühle sensibel einzuschätzen, ist eine Grundvoraussetzung für soziales Handeln. Nur wenn ich die Stimmungen und Gefühle meines Gegenübers respektiere, kann ich adäquat darauf reagieren und Konfliktsituationen können oft im Keim erstickt werden. Das „Mitfühlen" mit anderen kommt in unserer hektischen, egozentrischen Welt leider viel zu kurz und Kinder und Jugendliche müssen für dieses Thema oft erst sensibilisiert werden.

Einstieg:

Sitzkreis

Sorgen Sie für beruhigende Hintergrundmusik. Bitten Sie die Schüler sich einen Partner zu suchen, zu dem sie Vertrauen haben und der sie auch berühren darf!
Einer schließt die Augen und versucht bei dem anderen vorsichtig anhand der Mimik zu ertasten, welches Gefühl/welche Stimmung dieser versucht darzustellen. Es wird so lange geraten, bis das Gefühl erkannt wurde. Anschließend werden die Rollen getauscht.

⇨ Stellen Sie die Sitzordnung wieder her und fordern Sie die Schüler **Ü1** (KV 23) zu machen! Geben Sie etwa 10 min Zeit.

⇨ Anschließend sollen die Jugendlichen sich zuerst mit einem gleichgeschlechtlichen Mitschüler zusammensetzen und die individuellen Ergebnisse vergleichen und besprechen. Bei **Ü2** (KV 24) soll zu diesem Gespräch ein kurzes Statement verfasst werden!
Danach können sich die Schüler noch einen andersgeschlechtlichen Gesprächspartner wählen und ebenso verfahren. Erfahrungen werden auf dem AB eingetragen!

⇨ Erfragen Sie, wie es den Jugendlichen bei dieser Übung ergangen ist und erarbeiten Sie im folgenden Unterrichtsgespräch Antworten zu folgenden Fragen:

Plenum

- *Ist es manchmal wichtig, dass andere unsere eigenen Gefühle erkennen und deuten können?*
- *Wann/in welchen Situationen kann das wichtig sein?*
- *Zeigen wir unsere Gefühle so deutlich, dass andere sie erkennen können?*
- *Wie fühlt es sich an, wenn andere mit einem „mitfühlen"?*

⇨ Laden Sie die Schüler nun zu einer „Gefühlsausstellung" ein und bitten Sie sie sich zu jedem Bild, das sie sehen werden, kurz zu notieren, welches Gefühl es für sie symbolisiert oder bei ihnen hervorruft. Betonen Sie, dass es wichtig ist, das Bild richtig auf sich wirken zu lassen!
Präsentieren Sie die Bilder und geben Sie genügend Zeit zur Betrachtung!

⇨ Tragen Sie zu einigen der Bilder die Meinungen der Schüler zusammen und schreiben Sie die genannten Gefühle oder Stimmungen auf.

Beispiel: Bild 1: Friede - entspannt - Ruhe - Sicherheit
Betonen Sie nochmals, dass es ganz normal ist, dass die Empfindungen der Schüler differieren.

Lassen Sie nun **Ü3** (KV 25) in Einzelarbeit bearbeiten. Die Ergebnisse können mit dem Nachbarn verglichen und besprochen werden! ☺

Reflexion:

Plenum

Bitten Sie die Schüler sich im Kreis aufzustellen. Erklären Sie, dass nun mit Worten, Mimik und Gestik dargestellt werden soll, wie es einem geht. Dabei soll das vom Vorgänger genannte und dargestellte Gefühl nachgespielt werden, bevor man sein eigenes Befinden kundtut. Beginnen Sie mit den Worten: *„Ich fühle mich jetzt ..."* und machen Sie eine entsprechende Körperbewegung dazu. Ihr rechter Nachbar soll nun *„Du fühlst dich ..."* sagen und versuchen Ihre Bewegungen nachzuahmen. Danach wird der Satz zum eigenen Befinden formuliert und dieses dargestellt. Das Spiel ist zu Ende, wenn Sie Worte und Körperhaltung ihres linken Nachbarn wiederholt haben. Verabschieden Sie sich mit lautem Applaus.

Notizen: ____________________

So fühle ich mich

Überlege, ob die hier beschriebenen Gefühle auf dich zutreffen, und schreibe die entsprechende Zahl daneben!

1	2	3	4	5
überhaupt nicht	naja	ein bisschen	sehr	extrem

Ich bin ...

unglücklich, wenn ich schlechte Noten bekomme.	
verlegen, wenn ich vor der Klasse sprechen soll.	
ängstlich, wenn ich bei Dunkelheit alleine unterwegs bin.	
enttäuscht, wenn meine Freunde/Freundinnen mich im Stich lassen.	
wütend, wenn jemand hinter meinem Rücken über mich spricht.	
stolz, wenn ich etwas nach langem Üben endlich schaffe.	
unzufrieden, wenn nicht alles so läuft wie geplant.	
traurig, wenn ich traurige Filme sehe.	
verletzt, wenn Lehrer/Lehrerinnen mich zu Unrecht ausschimpfen.	

Ich fühle mich ...

in dieser Klasse wohl.	
sicher, wenn meine Eltern mich in den Arm nehmen.	
alleine, wenn niemand bei mir ist.	
stark, wenn die anderen tun, was ich verlange.	
schlecht, wenn ich an die nächste Woche denke.	
unsicher, wenn ich neue Leute kennenlerne.	

Ü2 ***Ich fühle mich anders ...***

*Wenn du nun deine Einschätzungen von **Ü1** mit anderen vergleichst, wirst du die Erfahrung machen, dass wir oft sehr verschieden empfinden und auf bestimmte Situationen ganz unterschiedlich reagieren können.*
Wir Menschen unterscheiden uns in Aussehen, Charakter und auch in unseren Gefühlen. Das ist gut so! Wichtig ist nur, dass man die Gefühle der anderen nicht als gut oder schlecht bewertet, sondern sie akzeptiert und darauf Rücksicht nimmt!

Gesprächspartner/-partnerin 1 war: ____________________

Was mir besonders aufgefallen ist:

____
____
____
____
____
____
____

Gesprächspartner/-partnerin 2 war: ____________________

Was mir besonders aufgefallen ist:

____
____
____
____
____
____
____

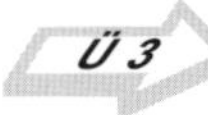

Die Gefühle der anderen – ein Rätsel?

Versuche, dich in den folgenden Situationen ganz in die angegebenen Personen hineinzuversetzen und überlege dir, was sie in dieser Situation fühlen könnten!

Was würden deine Eltern fühlen?

Du hast deinen Eltern verschwiegen, dass du in letzter Zeit Schwierigkeiten in Mathematik hast. Nun bekommen Sie einen Brief von deinem Klassenlehrer, in dem sie über deine Gefährdung in Mathematik informiert werden.

Sie

Deine Eltern warten auf dich mit dem Abendessen. Da du schon eine halbe Stunde zu spät dran bist, rufen sie dich auf dem Handy an. Es schaltet sich sofort die Mailbox ein.

Sie

Du entschuldigst dich bei deinen Eltern für dein unhöfliches Verhalten in der letzten Zeit und erklärst ihnen, warum du deine Laune an ihnen auslässt.

Sie

Was würde dein Freund/deine Freundin fühlen?

Du erzählst überall herum, dass er/sie unglücklich verliebt ist.

Er/Sie

Du freust dich lautstark über das teure Computerspiel, das du geschenkt bekommen hast. Du weißt, dass dein Freund/deine Freundin sich das niemals leisten kann.

Er/Sie

Dein Freund/deine Freundin hat wieder eine schlechte Note in Englisch bekommen. Du bietest an, ihm/ihr beim Lernen für die nächste Klassenarbeit zu helfen.

Er/Sie

Thema: Selbstvertrauen und innere Stabilität entwickeln

Doppelstunde

Ziele:

- Die Schüler sollen ihr Selbstwertgefühl situationsbezogen einschätzen können.
- Sie sollen Wege und Strategien kennenlernen, die ihr Selbstvertrauen stärken.
- Sie sollen ihre Stärken und Grenzen erkennen und stolz darauf sein.

In diesen Stunden brauchen Sie:

- Kopien von KV 26-28 in Klassenstärke
- Papierrolle mit einer Skala von 1 bis 10
- Kopien von KV 29 auf Zeichenblätter (A3)
- Zeitschriften, Zeitungen, Klebstoff, Scheren

Vorüberlegungen:

Jugendliche sind auf der ständigen Suche nach ihrer Identität und müssen Schritt für Schritt eine innere Stabilität entwickeln, die nötig ist, ihren Lebensweg konstruktiv zu gestalten. Dass die Stärken und Schwächen einer Person diese erst ausmachen, daran wurde schon in Band 1 und 2 von „Genial sozial" gearbeitet. Nun sollen sie auch lernen zu erkennen, in welchen Situationen sie unsicher sind, damit sie dann mit den geeigneten Strategien an ihrem Selbstvertrauen arbeiten können. Dabei sollen sie üben auch andere anzuerkennen und helfen, deren Selbstwertgefühl zu stärken.

Bitten Sie die Schüler rechtzeitig Zeitschriften, Fotos, Schere und Klebstoff für die Anfertigung einer Collage mitzubringen!

Einstieg:

Sitzkreis

Ich-Becher (nach: Chibici-Revneanu, Eva-Maria: Vom starken Ich zum neuen Du. 2. Auflage, Veritas, Linz 2002.)
Verteilen Sie die Kopien von KV 26 an die Schüler. In den Sockel des Bechers sollen sie den eigenen Namen schreiben. Erklären Sie, dass nun der Flüssigkeitspegel so hoch eingezeichnet werden soll, wie er dem momentanen Selbstwertgefühl entspricht! Je höher der Selbstwert eingeschätzt wird, desto höher ist der Becher gefüllt. Anschließend sollen die Schüler noch im Becher notieren, was an diesem Tag zu ihrem Selbstwertgefühl beigetragen hat (z.B. Note einer Arbeit, Lob oder Kritik, Begegnungen, Erfolge oder Misserfolge, ...). Die Schüler lassen ihr Blatt auf ihrem Platz liegen und gehen im Klassenzimmer umher. Dabei sollen sie auf den Blättern der Mitschüler Stärken und Fähigkeiten eingetragen, die sie an ihnen bemerkt haben und schätzen. So wird der Becher mehr und mehr gefüllt.
Nehmen Sie an der Übung teil, können Sie Schülern, die keine Eintragungen bekommen, etwas dazuschreiben. Nachdem Sie das Spiel gestoppt haben, kehren alle zu ihren Tischen zurück und lesen sich die Ergänzungen durch. Bei einem anschließenden ☞ Blitzlicht können Ergebnisse besprochen werden.

Bitten Sie die Schüler nun die Stühle an die Wand zu schieben, um in der Mitte Platz zu schaffen und rollen Sie die vorbereitete Papierrolle aus. Erklären Sie, dass nun jeder seine Selbstsicherheit in verschiedenen Situationen einschätzen soll und es dabei um ehrliche Selbsteinschätzung geht! Je höher die Zahl ist, zu der man sich stellt, desto selbstsicherer fühlt man sich in der entsprechenden Situation.

1. Anweisung: *„Wie selbstsicher fühlt ihr euch in dieser Klasse, unter euren Klassenkameraden?"*
   Lassen Sie ruhig Zeit und drängen Sie nicht. Haben alle ihren Platz gefunden, folgt die nächste Anweisung
2. Anweisung: „Wie selbstsicher fühlt ihr euch in eurer Familie?"

Weitere Anweisungen können sich auf Freundeskreis, Clique, Einkaufssituation im Supermarkt, ... beziehen.
Besprechen Sie abschließend, welche Bedingungen oder Personen die Selbstsicherheit erschweren oder erleichtern.

Bitten Sie die Schüler **Ü1** (KV 27) zu machen und geben Sie dafür etwa 10 min Zeit.

Ü2 (KV 28): Die Schüler sollen zu zweit oder in Kleingruppen die Interviews lesen und besprechen. Anschließend sollen die Fragen zur eigenen Person beantwortet werden!

Verteilen Sie nun die Kopien von KV 29 und erklären Sie, dass auf diesen Zeichenblättern eine Collage entstehen soll. Dafür können Zeitungs- und Zeitschriftenausschnitte, Fotos, Zeichnungen oder Texte verwendet werden!

Reflexion:

Lassen Sie einige Freiwillige ihre Ich-Collagen präsentieren und gestalten Sie aus allen Collagen eine Klassenausstellung!

Notizen:

Ich-Becher

Ü 1 Sicher oder unsicher?

Ich glaube, am sichersten fühle ich mich, wenn ich mit meiner besten Freundin zusammen bin. Dann fühle ich mich gut, bin zufrieden und könnte Bäume ausreißen! Wahrscheinlich ist das so, weil ich bei ihr so sein kann, wie ich bin und mich nicht verstellen muss. Sie akzeptiert mich, auch wenn ich nicht immer alles richtig mache ...
(Anna, 13)

In welchen Situationen fühlst du dich sicher und zufrieden?

Sicher oder unsicher?

Besonders unsicher fühle ich mich, wenn ich irgendwo neu dazukomme. Dann habe ich das Gefühl, dass alle mich anstarren und über mich reden! Zuletzt ist mir das passiert, als ich gemeinsam mit einem Freund das neue Jugendzentrum besucht habe. Das war ziemlich uncool! Irgendwie habe ich total an mir gezweifelt. Ich würde mir wünschen, in solchen Situationen cooler zu sein!
(Deniz, 14)

In welchen Situationen fühlst du dich unsicher und schlecht?

Ü 2

Mario, 13:

Wieso, glaubst du, haben Menschen manchmal Probleme mit dem Selbstvertrauen?
„Man ist vielleicht, seit man klein ist, nie von den Mitmenschen gelobt worden. Oder man wurde in der Schule jahrelang gehänselt."

In welchen Situationen kann geringes Selbstvertrauen eine besonders negative Rolle spielen?
„Wenn man sich gegen eine Meinung, die nicht der eigenen entspricht, nicht zu wehren traut! Dann kann man sich auch nicht durchsetzen und muss sich immer unterordnen."

Was kann man tun, um an Selbstvertrauen zu gewinnen?
„Seinen ganzen Mut zusammennehmen und einfach aussprechen, was man fühlt, denkt oder gerade meint."

Nenne drei Eigenschaften, die du als deine Stärken bezeichnest!
„Ich glaube, ich habe eine gute Menschenkenntnis. Außerdem würde ich sagen, dass ich sehr kollegial bin und viel Humor habe!"

Katarina, 12:

Wieso, glaubst du, haben Menschen manchmal Probleme mit dem Selbstvertrauen?
„Vielleicht wird man oft wegen seines Aussehens gehänselt und selbst akzeptiert man sich auch nicht so, wie man ist, und schätzt die eigenen Eigenschaften nicht."

In welchen Situationen kann geringes Selbstvertrauen eine besonders negative Rolle spielen?
„Vor Leuten, die man nicht kennt, oder wenn man unter Druck steht."

Was kann man tun, um an Selbstvertrauen zu gewinnen?
„Zu sich selbst stehen und auch über sich selbst lachen! Es ist auch wichtig, nicht immer auf andere zu hören!"

Nenne drei Eigenschaften, die du als deine Stärken bezeichnest!
„Ich kann gut zuhören. Ich mache mich nicht über die andere Person lustig. Ich erzähle keine Sachen weiter."

Julian, 14:

Wieso, glaubst du, haben Menschen manchmal Probleme mit dem Selbstvertrauen?
„Ich weiß nicht, da kann vieles mitspielen ... Vielleicht haben die Eltern einen zu selten gelobt und fast nur geschimpft oder man bildet sich ein, hässlich zu sein!"

In welchen Situationen kann geringes Selbstvertrauen eine besonders negative Rolle spielen?
„Da gibt es viele Situationen: in der Schule, wenn man vor allen sprechen muss, dann auch sicher bei einem Vorstellungsgespräch oder im Beruf, wenn man sich mit anderen vergleicht ..."

Was kann man tun, um an Selbstvertrauen zu gewinnen?
„Ich habe auch wenig Selbstvertrauen. Darum gehe ich zum Karate-Training. Das gibt mir irgendwie Selbstvertrauen. Ich glaube auch, man sollte nichts vermeiden, wovor man Angst hat. Das ist alles nur Übungssache, zum Beispiel sich mal alleine in ein Café setzen und nicht denken, dass die anderen Leute das komisch finden würden. Oder mal ganz ruhig und mit deutlicher Stimme seine Meinung sagen. Nach einiger Zeit kann man solche Dinge ganz locker tun, obwohl es am Anfang schwierig ist. Man sollte es aber regelmäßig üben."

Nenne drei Eigenschaften, die du als deine Stärken bezeichnest!
„Ich bin ziemlich zielstrebig und habe gelernt, über Probleme offen zu sprechen. Heute lasse ich mir nicht mehr alles gefallen!"

Und nun zu dir!

Wieso, glaubst du, haben Menschen manchmal Probleme mit dem Selbstvertrauen?

In welchen Situationen kann geringes Selbstvertrauen eine besonders negative Rolle spielen?

Was kann man tun, um an Selbstvertrauen zu gewinnen?

Nenne drei Eigenschaften, die du als deine Stärken bezeichnest!

Ich bin stolz auf … Das bin ich!

Schule

Hobbys

Aussehen

Traumberuf

Eigenschaften

Freizeit

Thema: Eine Botschaft mit vier Ohren hören

Einzelstunde

In dieser Stunde brauchen Sie:

- KV 31-35 im Klassensatz
- Tafelmaterial: KV 30 vergrößert kopieren, Kärtchen ausschneiden
- Tafelmagnete

Ziele:

- Die Schüler sollen erkennen, dass jede Aussage unterschiedliche Botschaften enthalten kann.
- Sie sollen erkennen, dass das ausschließliche Hören mit dem „Beziehungsohr" oft zu Missverständnissen und in der Folge zu Konflikten führt.
- Sie sollen lernen, dass durch Rückfragen und Rückmelden Verständnisprobleme vermieden werden können.

Vorüberlegungen:

Gerade in der Kommunikation zwischen Erwachsenen und Jugendlichen kommt es sehr oft zu Missverständnissen. Wenn der Empfänger auf einer anderen Wellenlänge hört als der Sprecher sendet, sind diese vorprogrammiert!
Oft ist solch eine misslungene Kommunikation der Ausgangspunkt für Konflikte.

☞ Quadrat der Nachricht

Einstieg:

Befestigen Sie das Tafelmaterial (KV 30) ungeordnet an der Tafel. Bitten Sie die Schüler eine Ordnung herzustellen!

Plenum

Lösung:

Kommunikation

Sender 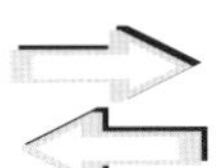 Empfänger

übermittelt eine Botschaft durch Mimik, Gestik, Worte	empfängt die Botschaft

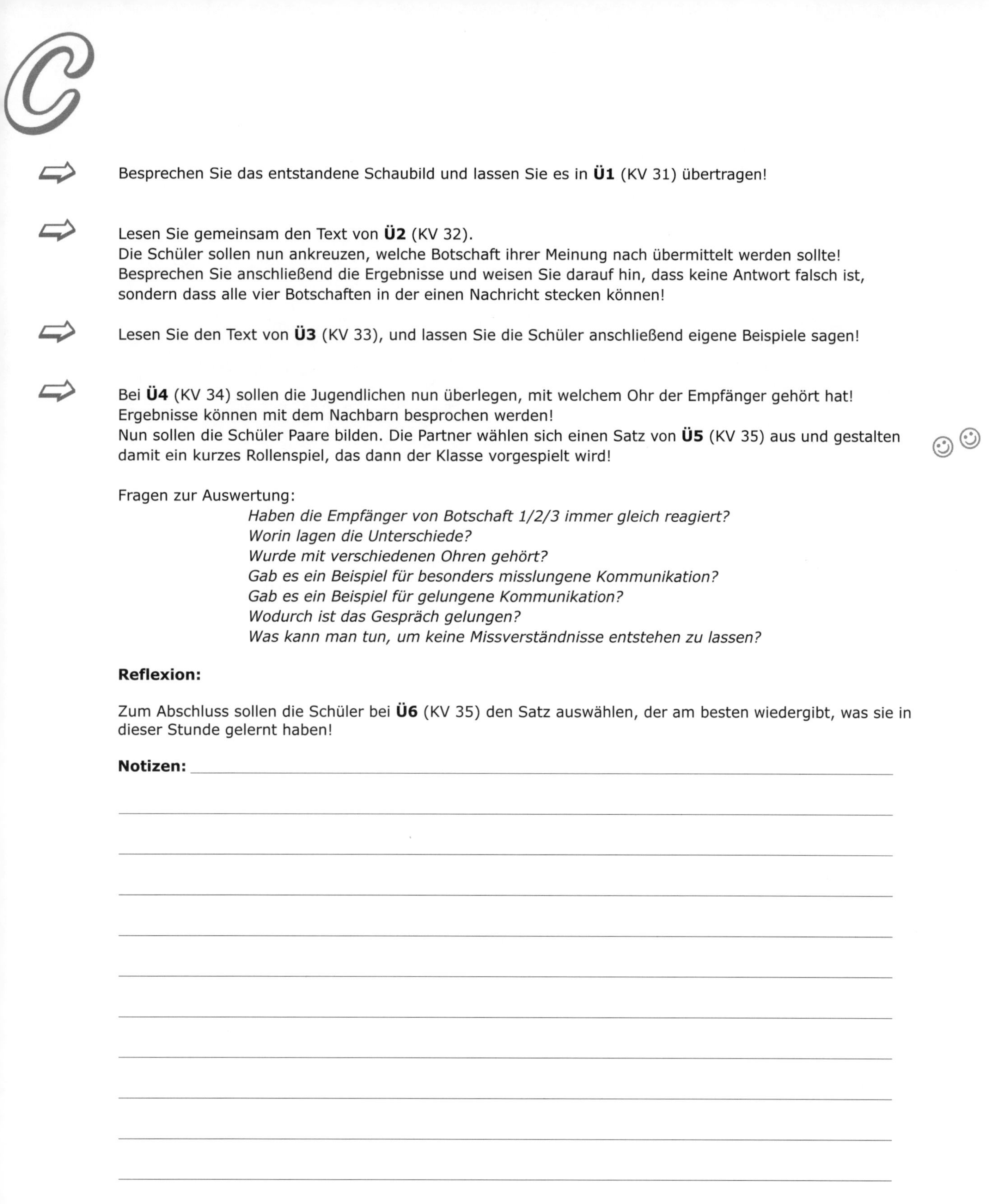

Besprechen Sie das entstandene Schaubild und lassen Sie es in **Ü1** (KV 31) übertragen!

Lesen Sie gemeinsam den Text von **Ü2** (KV 32).
Die Schüler sollen nun ankreuzen, welche Botschaft ihrer Meinung nach übermittelt werden sollte!
Besprechen Sie anschließend die Ergebnisse und weisen Sie darauf hin, dass keine Antwort falsch ist, sondern dass alle vier Botschaften in der einen Nachricht stecken können!

Lesen Sie den Text von **Ü3** (KV 33), und lassen Sie die Schüler anschließend eigene Beispiele sagen!

Bei **Ü4** (KV 34) sollen die Jugendlichen nun überlegen, mit welchem Ohr der Empfänger gehört hat!
Ergebnisse können mit dem Nachbarn besprochen werden!
Nun sollen die Schüler Paare bilden. Die Partner wählen sich einen Satz von **Ü5** (KV 35) aus und gestalten damit ein kurzes Rollenspiel, das dann der Klasse vorgespielt wird!

Fragen zur Auswertung:

Haben die Empfänger von Botschaft 1/2/3 immer gleich reagiert?
Worin lagen die Unterschiede?
Wurde mit verschiedenen Ohren gehört?
Gab es ein Beispiel für besonders misslungene Kommunikation?
Gab es ein Beispiel für gelungene Kommunikation?
Wodurch ist das Gespräch gelungen?
Was kann man tun, um keine Missverständnisse entstehen zu lassen?

Reflexion:

Zum Abschluss sollen die Schüler bei **Ü6** (KV 35) den Satz auswählen, der am besten wiedergibt, was sie in dieser Stunde gelernt haben!

Notizen:

KOMMUNIKATION

Sender

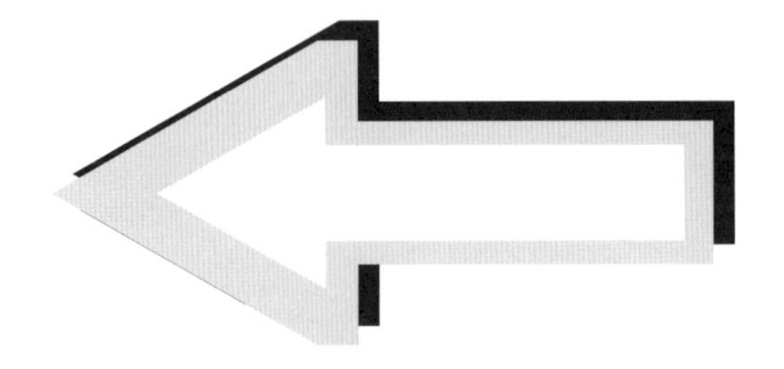
Empfänger

übermittelt eine Botschaft durch Mimik, Gestik, Worte

empfängt die Botschaft

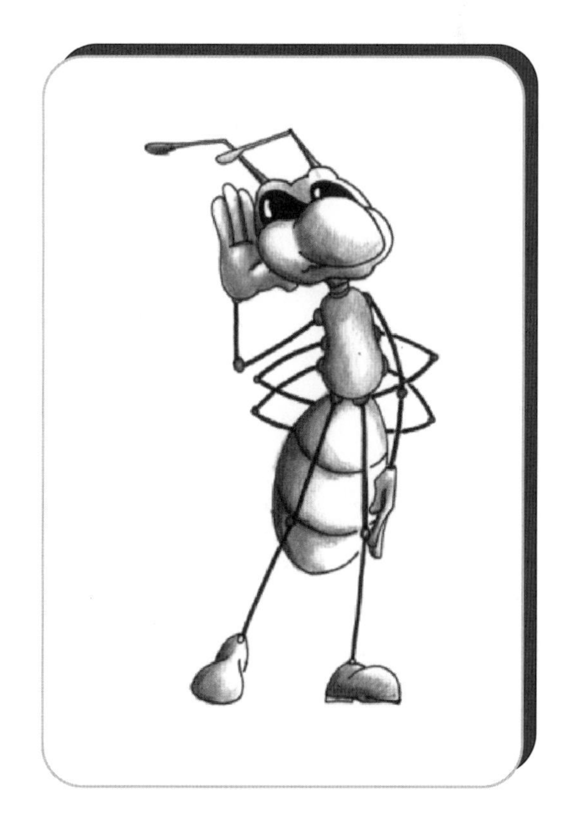

Ü 1 ***Vervollständige das Schaubild!***

Kommunikation

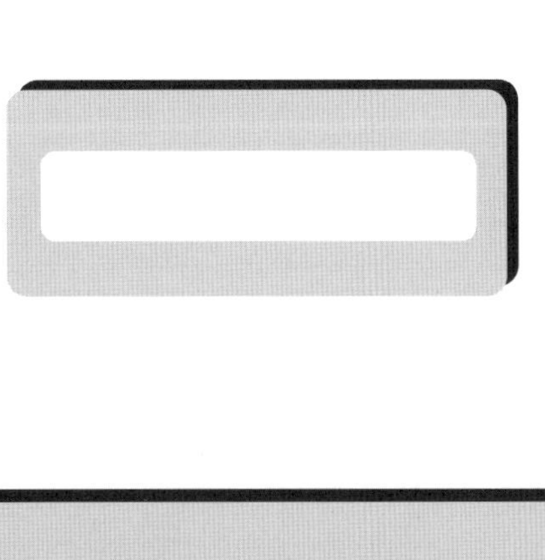

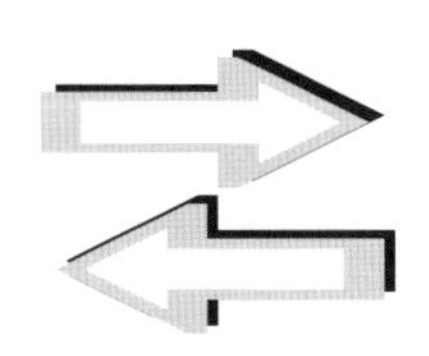

Was will sie damit sagen?

Der Sender, in unserem Fall die Ameise Anja, übermittelt dem Empfänger Anton eine Nachricht. Was wird sich Anton denken? Male die entsprechende(n) Gedankenblase(n) aus!

Ü 3 Bist du auf Empfang?

Eine Aussage, so einfach sie sich auch anhören mag, kann unterschiedliche Botschaften enthalten. Nach dem bekannten Kommunikationspsychologen *Schulz von Thun* müsste der Empfänger für eine gelungene Kommunikation vier Ohren haben! Er unterscheidet das **Sachohr**, das **Selbstoffenbarungsohr**, das **Beziehungsohr** und das **Appellohr**. Jedes dieser Ohren hört aus ein- und derselben Nachricht andere Botschaften heraus.

Mit dem **Sachohr** nimmt Anton die sachliche Information auf, dass Süßes nicht gesund ist.

Das **Selbstoffenbarungsohr** hört heraus, was der Sender über sich und sein Befinden aussagt. Anton meint, Anja sage das, weil sie sich Sorgen um seine Gesundheit macht.

Hört der Empfänger mit dem **Beziehungsohr**, bezieht er die Aussage auf sich selbst oder hört sogar einen Vorwurf heraus. Die Beziehung zwischen Sender und Empfänger spielt dabei eine große Rolle. Anton glaubt herauszuhören, dass Anja ihn für dumm hält.

Hört man mit dem **Appellohr**, fasst man das Gesagte als Aufforderung auf. In diesem Fall fordert Anja Anton auf, keine Süßigkeiten zu essen.

Sind beim Empfangen von Nachrichten nur ein oder zwei Ohren „eingeschaltet", kann das zu großen Missverständnissen und Streit führen, weil der Empfänger etwas ganz anderes hört, als der Sender eigentlich sagen will.

Durch Tonfall, Gesichtsausdruck und Körpersprache kann der Sender deutlicher machen, wie seine Nachricht zu verstehen ist.

Kennst du auch Sätze, die auf verschiedene Arten verstanden werden können? Versuche, diese so zu sagen, dass der Empfänger sie richtig deuten kann!

Hier hast du Platz, einen vierohrigen Empfänger zu zeichnen! Sieht lustig aus, oder?

Ü 4 **Missverständnisse?!**

Eine Schülerin eurer Klasse geht nach der Stunde zum Englischlehrer.

Schülerin: „Morgen schreiben wir eine Mathematikklassenarbeit!"

Lehrer: „Na gut, dann gebe ich euch heute keine Hausaufgaben auf!"

Mit welchem Ohr hat der Lehrer gehört?

Mit welcher Absicht hätte die Schülerin das sonst noch sagen können?

Sara spricht mit ihrer Freundin.

Sara: „Sabine hat mich gefragt, ob ich mit ihr ins Kino gehe!"

Marina: „Wenn du lieber mit ihr gehst, dann bitte!"

Mit welchem Ohr hat Marina gehört?

Mit welcher Absicht hätte Sara das sonst noch sagen können?

Mutter: „Hast du eine Mütze auf? Es ist kalt draußen!"

Sohn: „Ich bin doch kein kleines Kind mehr!"

Mit welchem Ohr hat der Sohn gehört?

Mit welcher Absicht hätte die Mutter das sonst noch sagen können?

Welche Möglichkeit siehst du, so entstandene Missverständnisse zu klären?
Wie könnten die Gesprächspartner auf eine Wellenlänge kommen?

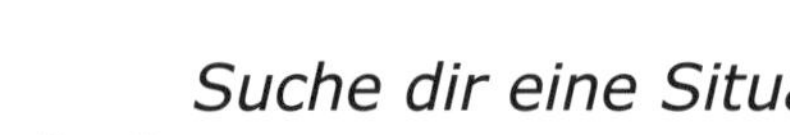

Hörst du, was ich sagen will?

Suche dir eine Situation aus und gestalte gemeinsam mit einem Partner oder einer Partnerin dazu ein kurzes Gespräch. Spielt das Rollenspiel euren Klassenkameraden vor!

Ein Gespräch zwischen Vater und Mutter:
Der Vater sagt: „Der Kühlschrank ist leer!"

Ein Gespräch zwischen Schüler/Schülerin und Lehrer/Lehrerin:
Der Schüler/die Schülerin sagt: „Wenn ich mich melde, komme ich nie dran!"

Ein Gespräch zwischen Mutter und Tochter oder Sohn:
Die Mutter fragt: „Hast du deine Hausaufgaben schon gemacht?"

Was ist das Wichtigste, das du heute über Kommunikation gelernt hast? Kreuze an!

- ◯ Jede Nachricht kann verschiedene Botschaften enthalten. Wie der Sprecher oder die Sprecherin es gemeint hat, kann ich am Tonfall, an der Mimik und Gestik erkennen. Wenn ich nicht sicher bin, frage ich besser nach, was er oder sie sagen wollte!

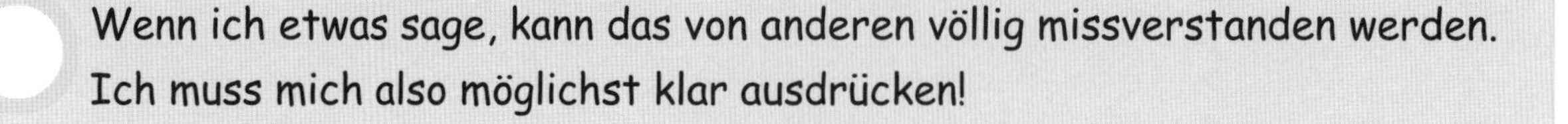

- ◯ Wenn ich etwas sage, kann das von anderen völlig missverstanden werden. Ich muss mich also möglichst klar ausdrücken!

- ◯ Wenn man nur mit einem Ohr (zum Beispiel dem Beziehungsohr) hört, kann es zu großen Missverständnissen kommen! Ich sollte also immer möglichst alle vier Ohren „einschalten" und überlegen, wie das Gesagte gemeint sein könnte!

Thema: Mit Konflikten umgehen lernen

2–3 Stunden

In dieser Stunde brauchen Sie:

- Folie von KV 36
- je 1 Kopie der 6 Bildkärtchen (KV 37)
- je 1 Kopie der 6 Bildkärtchen (KV 37) in 4-5 Teile zerschnitten, jeder Teil in einem Kuvert
- Kopien von KV 38–42 in Klassenstärke

Ziele:

- Die Schüler sollen lernen den Verlauf von Konflikten zu beobachten und Lösungsmöglichkeiten zu analysieren.
- Sie sollen lernen, den Konfliktpartner als Person zu respektieren.
- Sie sollen üben, Gefühle wahrzunehmen und Ich-Botschaften zu geben.
- Sie sollen lernen, wie man Abkommen trifft und Übereinkünfte formuliert.

Vorüberlegungen:

Meinungsverschiedenheiten oder Konflikte unter Menschen sind natürlich. Wer aber nicht gelernt hat, damit umzugehen, kennt nur ein Mittel – Gewalt.
Daher gilt es, von klein auf zu lernen, wie man Konflikte ohne Gewalt lösen kann. Dies zu üben ist auch eine Erziehungsaufgabe der Schule.
Die Schüler müssen lernen, dass es nicht gilt Konflikte zu vermeiden, sondern diesen durch adäquate Konfliktbewältigungsstrategien zu begegnen.
Ein zentraler Aspekt ist dabei die Förderung von Konfliktfähigkeit und lösungsorientierter, fairer Konfliktbearbeitung.

Einstieg:

Präsentieren Sie die Folie von KV 36. Nach dem Durchlesen sollen die Schüler das Hauptthema der Mindmap („Konflikte") nennen. Erklären Sie, dass es sich dabei um das Stundenthema handelt!

Lassen Sie Tischgruppen bilden und legen Sie zu jeder Tischgruppe eine Bildkarte (KV 37) und die entsprechende Anzahl der Kopien von KV 38. Anschließend soll jeder Schüler ein Kuvert mit einem Teil einer Bildkarte (zerschnittene Bildkarten KV 37) ziehen und herausfinden, zu welcher Bildkarte der Teil gehört. Geben Sie etwa 3 min Zeit, damit die Gruppenmitglieder sich bei der richtigen Tischgruppe zusammenfinden können.

Bitten Sie die Schüler nun sich die Anweisungen auf dem AB durchzulesen und betonen Sie, dass jeder in der Gruppe eine Aufgabe übernehmen muss! Geben Sie einen Zeitrahmen von etwa 15 Min vor.

Die erste Gruppe soll nun ihr Rollenspiel präsentieren.
Bearbeiten Sie gleich anschließend folgende Fragen:

Was hat den Konflikt ausgelöst?
Was könnte hinter dem Konflikt stecken?
Wie sind die Konfliktpartner miteinander umgegangen?
Welche Gefühle waren zu spüren?
Wodurch wurde der Konflikt verstärkt?
Wie wurde kommuniziert?
Haben sich die Konfliktpartner um eine Lösung bemüht?

Nun folgt Rollenspiel 2 und die Fragen dazu usw.
Nachdem alle Rollenspiele präsentiert wurden, sammeln Sie die Ergebnisse der Beobachtungen zu folgenden Fragen:

Welche Auslöser für Konflikte gab es in den Rollenspielen?
Wie gehen Konfliktpartner meist miteinander um?
Welche Gefühle spielen bei Konflikten meist eine Rolle?
Wie sieht die Kommunikation zwischen Konfliktpartnern aus?

Stellen Sie die übliche Sitzordnung wieder her und bitten Sie die Schüler **Ü1** (KV 39) zu lesen und auszufüllen!
Anschließend können einige Freiwillige ihre Ergebnisse vorlesen.

Lesen Sie gemeinsam **Ü2** (KV 39c, 40) und besprechen Sie die Bedeutung der Lebensweisheiten. Klären Sie, welche dieser Sprichwörter gute, welche schlechte Tipps zum Umgang mit Konflikten enthalten. Gehen Sie anschließend die Tipps zur Konfliktbewältigung Schritt für Schritt durch!

Plenum

Bei **Ü3** (KV 41) sollen die Schüler nun in PA ein selbst gewähltes Konfliktthema bearbeiten.
Dafür können auch die Konfliktsituationen der GA herangezogen werden!
Bieten Sie Ihre Hilfe an, wenn sich Schwierigkeiten ergeben sollten!
Im Anschluss können einige Lösungswege vorgestellt und besprochen werden.

Reflexion:

Zum Abschluss sollen die Schüler bei **Ü4** (KV 42) die Satzanfänge ergänzen!

Notizen: ______________________________

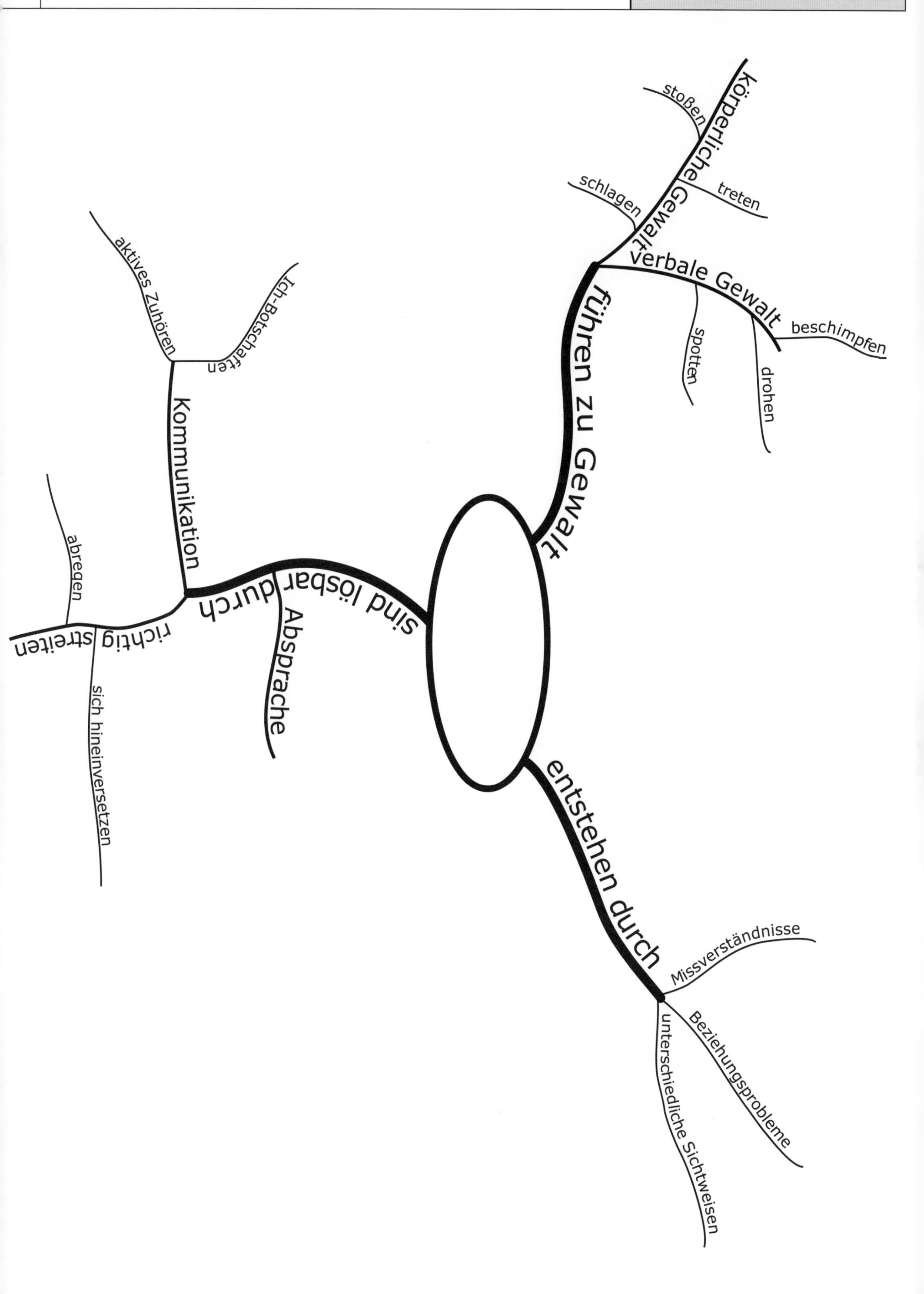
führen zu Gewalt
körperliche Gewalt
stoßen
schlagen
treten
verbale Gewalt
spotten
drohen
beschimpfen
entstehen durch
Missverständnisse
Beziehungsprobleme
unterschiedliche Sichtweisen
sind lösbar durch
Absprache
Kommunikation
aktives Zuhören
Ich-Botschaften
richtig streiten
abregen
sich hineinversetzen

Husch
Kasse

Betrachtet das Bild und überlegt euch:

Was geht zwischen den Beteiligten vor?

Was tun sie?

Was sagen sie?

Welche Gefühle sind im Spiel?

Ihr sollt diese Konfliktsituation nun in einem Rollenspiel darstellen!

Wer übernimmt welche Rolle?

Wer spielt die Streitenden?

Wer beschreibt als Erzähler oder Erzählerin am Anfang die Situation und nennt die Personen?

Welche Rollen können die übrigen Gruppenmitglieder übernehmen?

Spielt das Rollenspiel einmal durch!

Überlegt:

Werden die Zuschauer die Situation verstehen?

Werden sie erkennen, worum es in dem Konflikt geht?

Werden die Gefühle richtig dargestellt?

Würde so ein Konflikt in der Realität (in Wirklichkeit) auch so verlaufen?

Gebt eurem Rollenspiel noch den letzten Schliff, dann kann es losgehen!

WICHTIG

Beobachtet genau und hört gut zu, wenn die anderen Gruppen ihr Rollenspiel präsentieren!

Wut im Bauch?

Lies dir die folgenden Situationen durch und entscheide „aus dem Bauch heraus", was du tun oder sagen würdest!
Hier ist auch Schimpfen erlaubt ...

Situation 1

Du hast einem Mitschüler/einer Mitschülerin deinen MP3-Player für die Mittagspause überlassen. Als er/sie ihn zurückgibt, bemerkst du, dass das Gerät beschädigt ist.

Spontane Reaktion:

Situation 2

Du hast einem Freund/einer Freundin erzählt, dass sich deine Eltern vielleicht scheiden lassen. Du hast ihn/sie gebeten, das nicht weiterzuerzählen. Nun macht jemand aus der Klasse eine Bemerkung, die dich annehmen lässt, dass dein Freund/deine Freundin das Geheimnis ausgeplaudert hat.

Spontane Reaktion:

Situation 3

Deine Freunde/Freundinnen wissen, dass du heimlich in ein Mädchen/einen Jungen aus der Nachbarklasse verliebt bist. Plötzlich erzählt dir jemand, dass dein bester Freund/deine beste Freundin sich mit deinem Date verabredet hat.

Spontane Reaktion:

Wie reagierst du auf diese Situationen? Hast du einen „Gefühlsausbruch", wirfst mit Schimpfwörtern oder Dingen um dich und machst deinem Gegenüber Vorwürfe? Oder bist du eher der Typ, der sich nicht anmerken lässt, wie verletzt er ist?
Beide Reaktionen sind nicht ideal und werden kaum zu einer Klärung der Situation führen. Böse Worte oder gar Handgreiflichkeiten treiben den Konflikt nur auf die Spitze.
Wenn du dich einfach nur zurückziehst und deine Gefühle „hinunterschluckst", weiß niemand, wie es dir geht, und es besteht die Gefahr, dass Missverständnisse nie geklärt werden! Außerdem stauen sich diese Gefühle in dir auf und werden irgendwann vielleicht auf eine extreme und gewalttätige Art und Weise aus dir ausbrechen!
Wie aber kannst du dem oder der anderen klar machen, wie verärgert, enttäuscht oder verletzt du bist, ohne mit verbaler (= sprachlicher) oder körperlicher Gewalt alles nur noch schlimmer zu machen?
Wie findest du bloß die richtigen Worte?
Das Zauberwort heißt **Ich-Botschaft**.

Bei der Ich-Botschaft geht es darum zu erklären, welches Gefühl ein bestimmtes Verhalten oder eine Aussage bei dir ausgelöst hat, statt einen Vorwurf zu machen.
Bsp.:. „Ich bin wütend darüber, dass du mein Geheimnis weitererzählt hast!"
Dabei sollst du auch deine Reaktionen und Gedanken möglichst klar beschreiben.
Bsp.: „Ich habe Angst, dass ich dir nicht mehr vertrauen kann!"
Am Ende solltest du noch vorschlagen, was der oder die andere besser machen könnte.
Bsp.: *„Bitte behalte meine Geheimnisse für dich oder sage mir, wenn du das nicht versprechen kannst!"*

Versuche, nun auf die vorgegebenen Situationen mit einer Ich-Botschaft zu reagieren!

Situation 

Du hast einem Mitschüler/einer Mitschülerin deinen MP3-Player für die Mittagspause überlassen. Als er/sie ihn zurückgibt, bemerkst du, dass das Gerät beschädigt ist.

Ich-Botschaft

Ich ______________________________

____

Situation 2

Du hast einem Freund/einer Freundin erzählt, dass sich deine Eltern vielleicht scheiden lassen. Du hast ihn/sie gebeten, das nicht weiterzuerzählen. Nun macht jemand aus der Klasse eine Bemerkung, die dich annehmen lässt, dass dein Freund/ deine Freundin das Geheimnis ausgeplaudert hat.

Ich-Botschaft

Ich ______________________________

____

Situation 3

Deine Freunde/Freundinnen wissen, dass du heimlich in ein Mädchen/einen Jungen aus der Nachbarklasse verliebt bist. Plötzlich erzählt dir jemand, dass dein bester Freund/deine beste Freundin sich mit deinem Date verabredet hat.

Ich-Botschaft

Ich ______________________________

____

Ü 2 ***Lebensweisheiten?!***

Verbinde die Satzteile, die zusammengehören, durch Linien!

Lass uns ○	○ das neckt sich.
Der Klügere ○	○ das füg' auch keinem andern zu!
Reden ist Silber, ○	○ freut sich der Dritte.
Gewitter ○	○ gibt nach!
Wenn sich zwei streiten, ○	○ Schweigen ist Gold!
Was du nicht willst, das man dir tu, ○	○ reinigen die Luft!
Was sich liebt, ○	○ das Kriegsbeil begraben!

Überlege*: Welche dieser Sprichwörter enthalten gute, welche weniger gute Tipps zum Umgang mit Konflikten?*

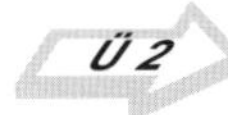

Schritt für Schritt auf eine Lösung zu ...

Versuche zuerst deine Aufregung und Wut in den Griff zu bekommen.
Folgende Tipps können dir dabei helfen:

Atme einige Male tief durch!
Zähle langsam bis 10!
Lasse deine Wut an einem Polster oder Sandsack aus!
Laufe dir den Ärger weg!

Bitte auch dein Gegenüber um Zeit, auch er/sie soll sich beruhigen.
Beispiel: *„Lass uns bitte später darüber reden. Ich kann jetzt keinen klaren Gedanken fassen!"*

Mache dir selbst einmal klar, was dein Problem ist, und teile dann deinem Konfliktpartner/deiner Konfliktpartnerin mit einer Ich-Botschaft (ohne Vorwurf!) mit, was dich beschäftigt! Versuche, dein Problem möglichst gut zu beschreiben, und erkläre, wie du dich fühlst!

Beispiel: *„Ich bin total enttäuscht! Du weißt doch, dass ich in ... verliebt bin und jetzt habe ich erfahren, dass du ihn/sie triffst! Ich fühle mich von dir hintergangen und habe Angst, dass du ihn/sie mir ausspannen willst!"*

Versuche, die Angelegenheit auch aus der Sicht deines Streitpartners/deiner Streitpartnerin zu betrachten und seinen/ihren Standpunkt, seine/ihre Gedanken und Gefühle nachzuvollziehen. Versuche, die Beweggründe oder Hintergründe zu erfragen!

Möglicherweise hat dein Freund/deine Freundin gar kein Interesse an einer Beziehung mit deinem Date, sondern wollte nur freundschaftlich plaudern. Vielleicht wollte er/sie sogar ein gutes Wort für dich einlegen.
Es kann aber auch sein, dass er/sie sich auch verliebt hat.

Bitte um Entschuldigung, wenn du im Unrecht warst. Dadurch kannst du den anderen/die andere buchstäblich entwaffnen und den Streit vielleicht zu einem schnellen Ende bringen!

Sammle gemeinsam mit deinem Konfliktpartner/deiner Konfliktpartnerin alle denkbaren Lösungsmöglichkeiten.
Lasse dabei auch seine/ihre Vorschläge gelten!

Überlegt nun gemeinsam, auf welche Lösungsmöglichkeit ihr euch einigen könntet! Dabei müssen wahrscheinlich beide Seiten Kompromisse eingehen.

Trefft nun eine klare Abmachung, was jeder von euch zu einer friedlichen Lösung beitragen soll.

Ü 3 **Kommen wir zu einer Lösung?**

Ihr sollt nun versuchen, diese Konfliktlösungsmethode an einem Beispiel anzuwenden. Wählt euch ein Konfliktthema aus, das ihr in Angriff nehmen wollt und füllt folgenden Fragebogen aus!

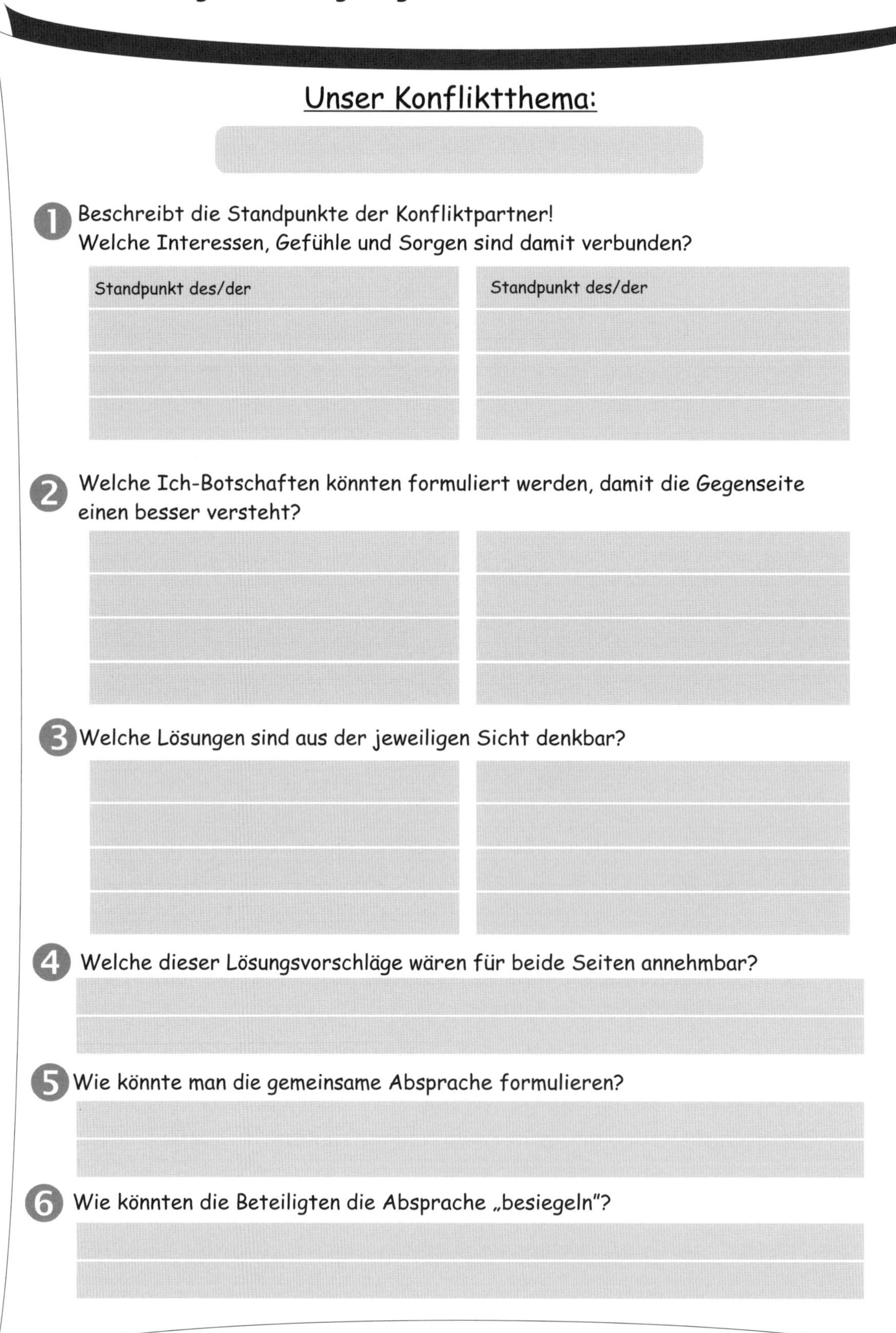

Unser Konfliktthema:

1 Beschreibt die Standpunkte der Konfliktpartner! Welche Interessen, Gefühle und Sorgen sind damit verbunden?

Standpunkt des/der	Standpunkt des/der

2 Welche Ich-Botschaften könnten formuliert werden, damit die Gegenseite einen besser versteht?

3 Welche Lösungen sind aus der jeweiligen Sicht denkbar?

4 Welche dieser Lösungsvorschläge wären für beide Seiten annehmbar?

5 Wie könnte man die gemeinsame Absprache formulieren?

6 Wie könnten die Beteiligten die Absprache „besiegeln"?

Das habe ich heute gelernt ...

Vervollständige die Satzanfänge!

Ich habe gelernt, dass Konflikte

Ich will mir merken, dass

Bei Streit ist es wichtig, dass

Thema: Streitschlichtung durch Mediatoren

Ziele:

Doppelstunde

In dieser Stunde brauchen Sie:

- Farbkreiden
- Kopien von KV 43–45 im Klassensatz
- Kopien von KV 46, 48, 49 ca. 10-mal
- Kopien von KV 47 ca. 20-mal
- Papier für ein Flugblatt/Plakat

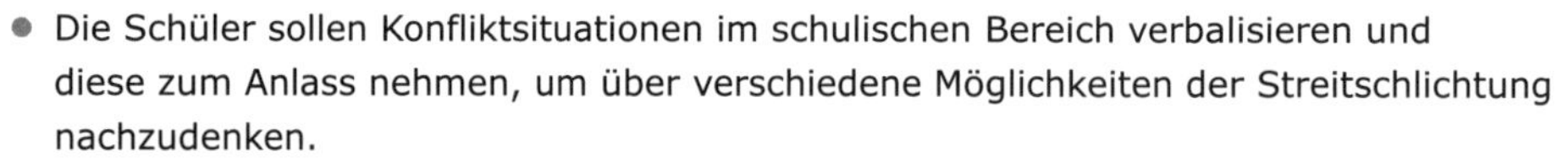

- Die Schüler sollen Konfliktsituationen im schulischen Bereich verbalisieren und diese zum Anlass nehmen, um über verschiedene Möglichkeiten der Streitschlichtung nachzudenken.
- Sie sollen die Möglichkeit und die Effektivität einer Streitschlichtung durch unbeteiligte Personen kennenlernen.
- Sie sollen lernen, worauf es bei der Streitschlichtung ankommt (Aktives Zuhören, Sensibilität, Neutralität, Zurückhaltung, Einhaltung von Gesprächsregeln, Stillschweigen).

Vorüberlegungen:

Der Schulalltag birgt eine Fülle von Konfliktherden. Sind Schüler nicht in der Lage, ihre Konflikte untereinander selbst zu lösen, wird in den meisten Fällen eine Lehrkraft hinzugezogen. Dies hat zur Folge, dass mindestens einer der Streitenden als Verlierer bestimmt wird, den unangenehme Sanktionen treffen können. Im ungünstigsten Fall gehen beide Streitparteien als Verlierer hervor. Der Lehrer muss in diesem Fall die Aufgabe eines Richters übernehmen und die Streitenden sind seinem Urteil ausgesetzt.

Mediation hat hingegen zum Ziel, den Streitparteien die Möglichkeit zu einem Kompromiss zu geben, mit dem sie beide zufrieden sind, im Idealfall vertragen sie sich wieder! Eine erfolgreiche Streitschlichtung kennt also nur Gewinner!
Grundsätzlich kann eine Konfliktlösung besser durch die Beteiligten als durch eine Autorität herbeigeführt werden und die Beteiligten halten sich eher an Übereinkünfte, wenn diese selbst getroffen und nicht von einem Dritten bestimmt werden.

Durch das Verfahren der Mediation kann in Schulen eine sinnvolle Streitkultur unter den Schülern etabliert werden, die es ihnen ermöglicht, mit Konflikten vernünftig umzugehen und diese auch selbst lösen zu können.

In diesem Kapitel wollen wir aufzeigen, wie man eine „kleine" Version von Mediation in einer Klasse einführen könnte. Der Idealfall wären Mediatoren, die aus anderen Klassen kommen, also mit den betroffenen Schülern keine direkte Verbindung haben und so neutraler agieren können. Erfahrungen haben aber gezeigt, dass es auch durchaus Sinn macht, einige Schüler einer Klasse als Streitschlichter einzusetzen. Meistens haben die Schüler ein recht gutes gutes Gespür dafür, ob sie sich für diese Rolle eignen oder nicht. Sensible Auswahl ist dennoch ein sehr wichtiger Aspekt!

Einstieg:

Machen Sie ein ☞ Brainstorming zum Thema „Konfliktsituationen in der Schule". Sammeln Sie die Beispiele an der Tafel!

Markieren Sie nun mit einer Farbkreide alle Konfliktsituationen, an denen Erwachsene beteiligt sind, mit einer anderen Farbe jene zwischen Mitschülern und lassen Sie die Schüler die Bedeutung der unterschiedlichen Farben erklären!

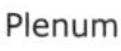

Lesen Sie gemeinsam **Ü1** (KV 43) und bitten Sie um den Eintrag von Beispielen!

Besprechen Sie im anschließenden Unterrichtsgespräch den Verlauf von Konflikten zwischen Schülern.
Wie gehen die Konfliktpartner miteinander um?
Welche Strategien zur Konfliktbewältigung werden oft gewählt?
Wird der Streit unter den Schülern selbst geklärt oder wird jemand um Hilfe gebeten?

Lassen Sie nun **Ü2** (KV 44) lesen und überlegen Sie anschließend gemeinsam für welche Konfliktsituationen aus dem Brainstorming die „Streitschlichtung" eine mögliche Lösung wäre!

Bei **Ü3** (KV 45) sollen nun wichtige Voraussetzungen für ein Schlichtungsgespräch erarbeitet werden! Lassen Sie diese am Ende mit eigenen Worten zusammenfassen.

Bitten Sie die Schüler sich zu überlegen, ob sie sich als Mediatoren der Klasse zur Verfügung stellen würden und verteilen Sie an die Interessenten Kopien von KV 46.
Nach dem Lesen sollen sich 2-4 Schüler, die sich für diese Aufgabe wirklich qualifiziert fühlen, in einer Tischgruppe zusammensetzen. Die übrigen Schüler machen währenddessen **Ü4** (KV 47)! Verteilen und besprechen Sie mit der Kleingruppe den Ablaufplan für ein Schlichtungsgespräch (KV 48) und den Schlichtungsvertrag (KV 49). Wiederholen Sie die Aufgaben eines Mediators und weisen Sie darauf hin, wie wichtig für diese Aufgabe Sensibilität, Neutralität, aktives Zuhören, Zurückhaltung und Stillschweigen ist!

Nach dieser kurzen Einführung sollen die Mediatoren gemeinsam ein Flugblatt oder ein Plakat erstellen, das ihre Arbeit beschreibt und den Klassenkameraden Mut macht, sie um Hilfe bei der Streitschlichtung zu bitten.

Die Streitschlichter sollen nun ihr Flugblatt/Plakat der Klasse präsentieren und mit den Mitschülern und Ihnen ausmachen, wie ein Termin für Schlichtungsgespräche gefunden werden kann und wie man das am besten organisieren könnte.

Reflexion:
Zum Abschluss sollen die Schüler bei **Ü5** (KV 47) die Namen der Klassenmediatoren eintragen und überlegen, ob sie deren Hilfe für die Lösung eines ihrer ungeklärten Konflikte in Anspruch nehmen wollen!

Notizen:

Konflikte, wohin man schaut ...

Im Schulalltag ergeben sich laufend Konflikte. Ob man sich von einem Lehrer ungerecht behandelt fühlt, man laufend vom Hausmeister zu unrecht verdächtigt wird etwas ruiniert zu haben oder mit seinem Sitznachbarn nicht zurechtkommt, jeder Konflikt sollte geklärt werden!
Schreibe hier auf, welche Konflikte sich mit Erwachsenen ergeben könnten!

Wie können solche Konflikte am besten gelöst werden?

Gerade bei Konflikten mit Erwachsenen ist es besonders wichtig, sich nicht zu heftigen, spontanen und verletzenden Reaktionen verleiten zu lassen! Schimpfwörter oder aggressives Verhalten sind hier völlig fehl am Platz! Versuche, deine Wut zuerst in den Griff zu bekommen und dann respektvolle und erklärende Ich-Botschaften einzusetzen, um die Situation zu klären. Du wirst sehen, dass du mit diesem Verhalten eher ans Ziel kommst! Kannst du auch auf diesem Weg nichts erreichen, sprich mit einem Lehrer, dem du vertraust, und bitte ihn um Hilfe!

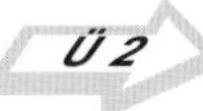

Wer kann uns helfen?

Leider ist es oft so, dass man Konflikte untereinander nicht klären kann. In diesem Fall ist man auf Hilfe angewiesen. Aber wer kann da helfen? In der Schule wird oft ein Lehrer gebeten, den „Richter" oder die „Richterin" zu spielen, was meistens dazu führt, dass mindestens einer der „Streithähne" als „Verlierer" hervorgeht und womöglich noch bestraft wird!
In manchen Situationen ist es auch nicht sehr verlockend, gerade mit einem Erwachsenen über seinen Konflikt zu sprechen. Vielleicht sollte es ein Gleichaltriger sein, der bei der Schlichtung des Streits hilft?!

Streitschlichtung:

Die Teilnahme an einem Streitschlichtungsgespräch ist freiwillig! In diesem Gespräch, bei dem unbeteiligte „Streitschlichter" (= Mediatoren) anwesend sind, sollen die Streitenden klären, worum es in ihrem Konflikt geht. Die eigenen Standpunkte sollen klargemacht werden, aber man sollte sich auch mit der Sichtweise des Gegenübers auseinandersetzen. Gemeinsam soll schließlich ein Kompromiss gefunden werden, bei dem sich beide Seiten als Gewinner fühlen können!

Was hältst du von dieser Art der Konfliktlösung? Kannst du dir vorstellen, dass ein Jugendlicher/eine Jugendliche dir bei der Streitschlichtung hilft? Oder hättest du da Vorbehalte?
Male die Sprechblasen mit den Befürchtungen, die du teilst, aus!

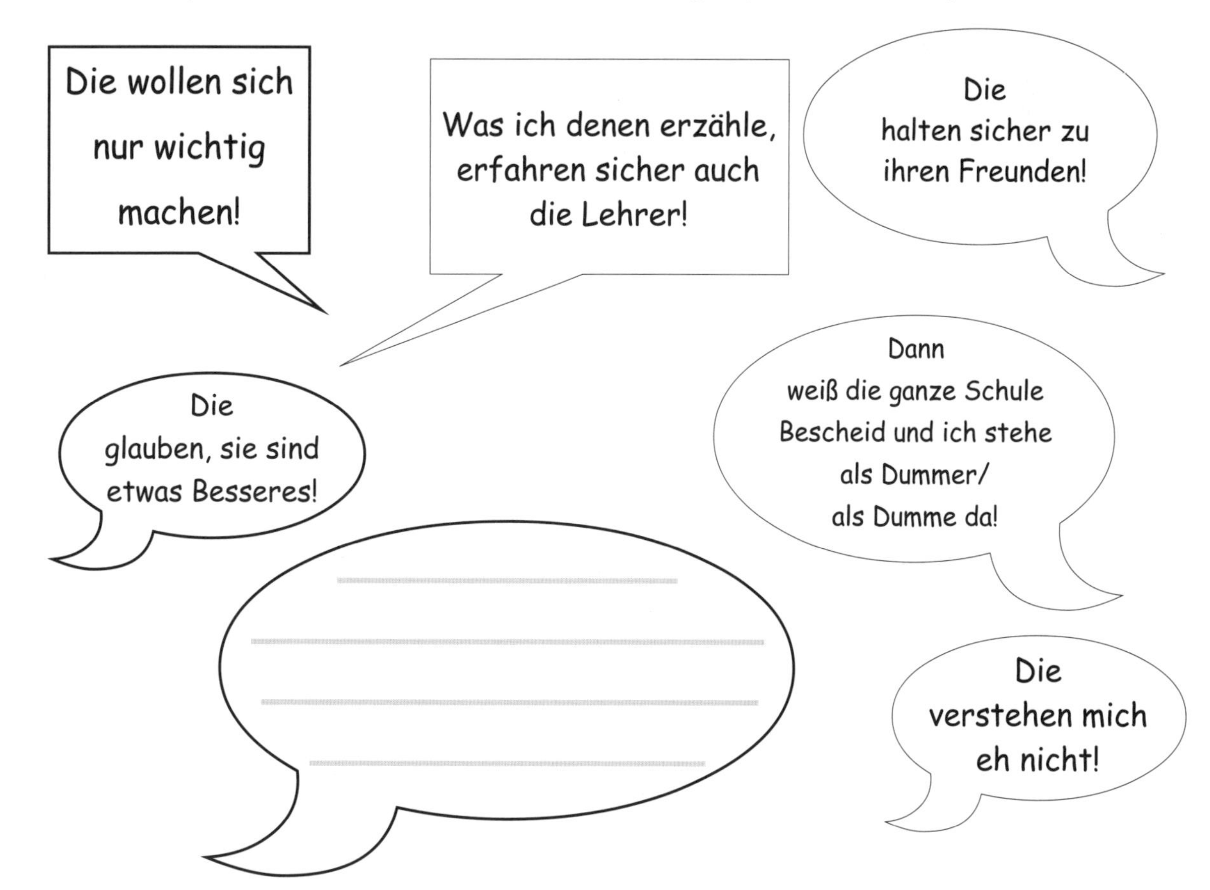

Ü 3 Unter der Voraussetzung, dass ...

Ein Schlichtungsgespräch läuft nach bestimmten Regeln ab, die beachtet und eingehalten werden müssen!
Lies dir folgende Voraussetzungen für ein Schlichtungsgespräch durch!
Die Überschriften findest du im Kästchen auf KV 45c!

T

☺s sollt☺ g☺nug Z☺it zur V☺rfügung st☺h☺n, damit ☺in ausführlich☺s G☺spräch stattfind☺n kann und all☺ B☺t☺iligt☺n zu Wort komm☺n könn☺n! Für di☺s☺s G☺spräch müsst ihr also ☺in☺n T☺rmin v☺r☺inbar☺n. In d☺r Zwisch☺nz☺it sollt☺n di☺ Str☺it☺nd☺n ☺in☺n „Waff☺nstillstand" schli☺ß☺n und sich aus d☺m W☺g g☺h☺n. Zum v☺r☺inbart☺n T☺rmin müss☺n all☺ pünktlich ☺rsch☺in☺n!

O

Es ist wichtig, dass man bei diesem Gespräch ungestört ist! Sucht euch einen angenehmen Ort (ein leeres Klassenzimmer, die Bibliothek, den Freizeitraum ...) aus. Beim Gespräch solltet ihr in einem Sitzkreis oder rund um eine Tischgruppe sitzen, die Streitenden möglichst nicht nebeneinander!

N

Streitschlichter
sind neutral, das heißt, sie
halten zu keinem/keiner von euch.
Sie wollen euch nur dabei helfen, über euren
Streit zu sprechen! Sie dürfen nicht für einen von
euch Partei ergreifen. Ihre Aufgabe ist es, das
Gesagte zusammenzufassen
und klärende Fragen
zu stellen!

S

Huch – Kettentext!

DasGesprächistvertraulich!Nichts,wasgesagtwurde,darfvond
enMediatorenweitererzähltwerden!

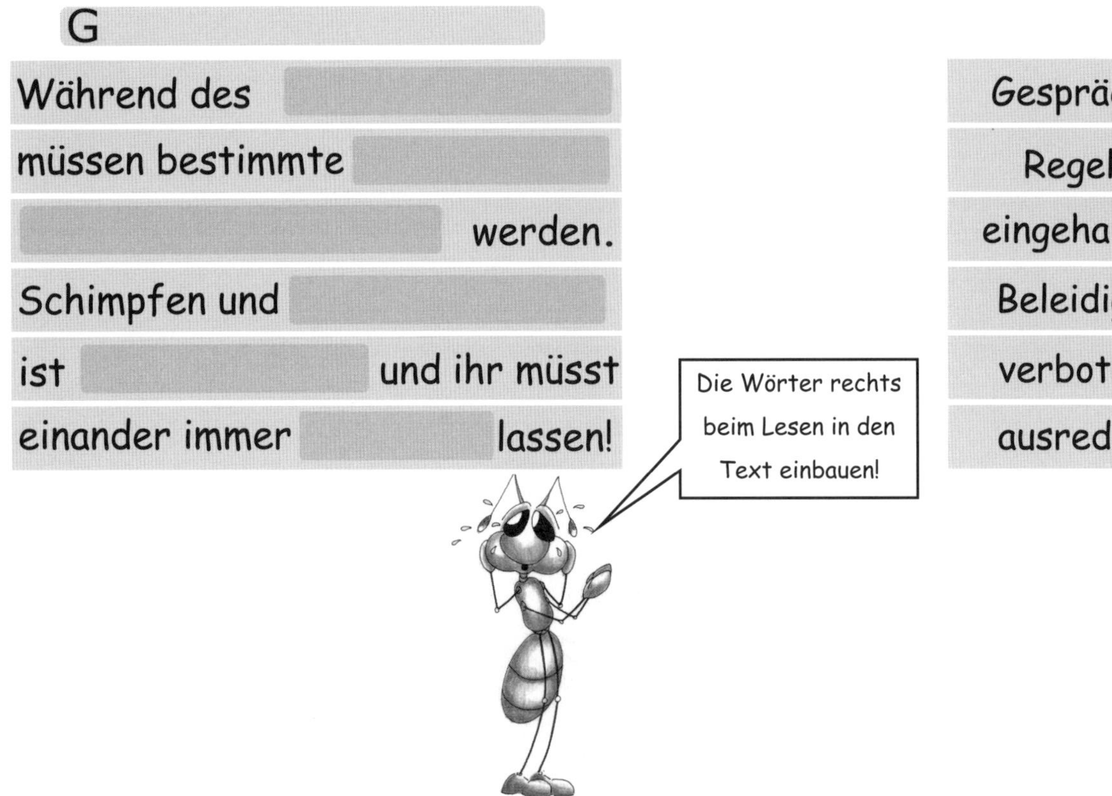

V

Nachdem ihr euch auf eine Lösungsmöglichkeit geeinigt habt, wird ein Vertrag geschrieben, den ihr unterschreiben müsst!

Hier findest du die Überschriften:

ermTin

esächrenGpersgl

erVragt

rOt

Ntratäeulit

illtSshcenweig

Ihr hattet alle sicherlich schon öfter Streit – mit Freunden, euren Eltern, Lehrern oder Klassenkameraden.
Oft geht ein Streit so aus, dass einer der Streithähne gewinnt, weil er den anderen durch Gewalt überzeugt. Das muss aber nicht sein!
Mediatoren sind Leute, die uns helfen, bei Streit zwischen Schülern zu vermitteln.
Dies ist eine verantwortungsvolle Aufgabe und nicht jeder Mensch ist dafür geeignet.
Lies dir die Infos durch und überlege dir dann in Ruhe, ob das etwas für dich wäre.

Streitschlichtung – was ist das?

Wenn zwei Schüler aneinandergeraten, kann der Streitschlichter versuchen, den beiden bei ihrem Problem zu helfen. Dabei muss er unparteiisch und neutral wie ein Schiedsrichter sein, sich nicht einmischen und nicht die Lösung des Konfliktes vorgeben.
Er soll nur dabei helfen, dass die Streitenden ihr wirkliches Problem erkennen und ruhig darüber sprechen. Am Ende sollten sie sich auf eine Lösung einigen, bei der niemand der Verlierer ist! Das klingt ganz einfach, ist es aber nicht immer! Denn neutral zu bleiben, wenn dein Freund in den Streit verwickelt ist, oder sich mit seiner persönlichen Meinung zurückzuhalten, kann sehr schwierig sein! Du darfst auch in keinem Fall ein Sterbenswörtchen von diesem Gespräch weitererzählen. Schwierig, schwierig ...

Besonders geeignet bist du als Streitschlichter, wenn
- es dir Spaß macht, dich für andere einzusetzen.
- du an Lösungen mit gerechtem Ausgang interessiert bist.
- du wirklich Interesse daran hast, dass Streitigkeiten gewaltfrei gelöst werden.
- du Geheimnisse für dich behalten kannst.
- du unparteiisch sein kannst wie ein Schiedsrichter.
- du deine eigene Meinung für dich behalten kannst.
- du aktiv zuhören kannst.

Als Streitschlichter gestaltest du aktiv unsere Klassengemeinschaft mit, übernimmst also eine wichtige Rolle!
Du hilfst anderen, ihre Probleme ohne Gewalt und ohne Hilfe von Lehrern zu lösen. Dadurch trägst du ganz entscheidend zur guten Stimmung in der Klasse bei.
Außerdem übst du durch diese Tätigkeit Fähigkeiten, die dir auf jeden Fall später im Alltag und im Berufsleben auch helfen werden.

Wäre das die passende Aufgabe für dich?

Ü 4 Das liegt mir schwer im Magen!

Beim Sammeln von Konfliktsituationen sind dir sicher auch Konflikte aus deinem eigenen Leben eingefallen. Gibt es da vielleicht auch noch einen ungelösten Konflikt oder einen, der nicht zu deiner Zufriedenheit gelöst wurde? Beschreibe diesen Konflikt auf einem Zettel!

Überlege dir:

- Wer ist an diesem Konflikt beteiligt?
- Wie ist der Konflikt entstanden und wie hat er sich weiterentwickelt?
- Was könnte hinter dem Konflikt stecken?
- Was ist deine Sicht der Dinge?
- Welche Gefühle kannst du bei dir wahrnehmen?
- Wie hat dein Konfliktgegner/deine Konfliktgegnerin reagiert?
- Was könnte er/sie fühlen?
- Wie könnte dieser Konflikt geklärt werden?
- Was bist du bereit, für die Lösung zu tun?
- Was sollte der andere tun?
- Wäre für die Lösung dieses Konflikts ein Schlichtungsgespräch hilfreich?

Ü 5 Unsere Klassenmediatoren sind:

Überlege dir, ob du die Hilfe der Schlichter oder Schlichterinnen für die Lösung eines deiner ungeklärten Konflikte in Anspruch nehmen willst!

Ablaufplan einer Streitschlichtung

1. Vorbereitung

⇨ Jeder Schlichter hat den **Ablaufplan,ein Blatt Papier und einen Stift** vor sich liegen.
⇨ Vorher muss abgesprochen werden, welcher Schlichter sich um welchen Schüler kümmert (Notizen machen, Gesagtes zusammenfassen, ...)!
⇨ Die Schlichter müssen die zwei Streitenden **begrüßen** und für deren Kommen danken!
⇨ In einem kleinen Stuhlkreis oder bei einer Tischgruppe **Platz nehmen**!

2. Einleitung

⇨ **Eröffnungstext**

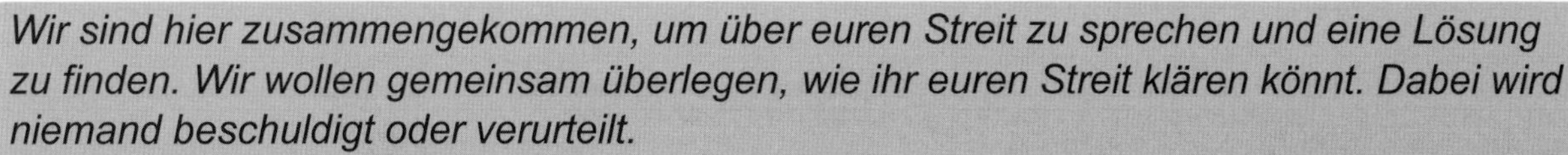

Wir sind hier zusammengekommen, um über euren Streit zu sprechen und eine Lösung zu finden. Wir wollen gemeinsam überlegen, wie ihr euren Streit klären könnt. Dabei wird niemand beschuldigt oder verurteilt.
Als Schlichter sind wir neutral, das heißt, wir halten zu keinem von euch. Wir wollen nur helfen, über euren Streit zu sprechen. Die Lösung, die ihr gefunden habt, wird schriftlich festgehalten.

⇨ **Regeln für das Gespräch wiederholen**

- *Jeder kommt dran und darf erzählen, was er erlebt hat, wie er sich fühlt.*
- *Es spricht immer nur eine Person!*
- *Immer die andere Person ausreden lassen, danach kannst du deine Meinung sagen!*
- *Niemand wird verletzt! Es darf niemand beschimpft oder geschlagen werden!*
- *Wir fassen zusammen, was ihr gesagt habt. Wenn etwas nicht stimmt, stellt das danach bitte richtig! Es ist wichtig, dass es keine Missverständnisse gibt!*

⇨ **Auslosen oder sich einigen, wer zuerst erzählt!**

3. Standpunkte klären

⇨ Die **Streitenden erklären** nacheinander **ihre Standpunkte**. Dabei soll es sich um **Ich-Botschaften** handeln!
⇨ Die Schlichter **hören aktiv zu** und **machen sich Notizen**

Aktives Zuhören zeigt sich durch:

- Blickkontakt
- Konzentration auf den Gesprächspartner
- dem Gesprächspartner zugewandte Körperhaltung
- zustimmendes Nicken
- Nachfragen
- Wiederholen des Gesagten mit eigenen Worten

⇨ Sie **fassen am Ende zusammen**, was gesagt wurde.

⇨ Wenn etwas unklar ist, wird nachgefragt!

4. Positionswechsel

Es ist wichtig, dass ihr versteht, was den anderen stört, kränkt oder verletzt.
Dabei ist es hilfreich, die Perspektive zu verändern, also den Streit einmal aus der Position des Streitgegners zu erleben .
Bitte steht auf und tauscht die Plätze! Schlüpft in die Rolle eures Gegenübers und erzählt dessen Geschichte von seinem Standpunkt aus mit eigenen Worten. Wie geht es ihm? Was ärgert ihn?
Danach wechselt wieder in eure alte Position!

⇨ Die Streitschlichter **fragen nach**, wie sich die beiden Streitenden beim Positionswechsel und auch danach gefühlt haben:
Kannst du dir nun besser vorstellen, was deinem Gegenüber passiert ist und wie er sich dabei gefühlt hat?

5. Lösungsmöglichkeiten sammeln und bewerten

An die beiden Streitenden nacheinander folgende Fragen stellen:
Wie könntet ihr diesen Streit lösen?
Was bist du jetzt bereit, für die Lösung eures Streits zu tun?
Was soll __________ *für die Lösung eures Streits tun?*

⇨ **Sammeln von** möglichst vielen **Ideen**.

⇨ Schlichter schreiben diese ohne Kommentar auf!

⇨ Gemeinsam die **Lösungsideen bewerten**:
Ist diese Lösung machbar?
Ist sie für beide Seiten in Ordnung?

⇨ Falls keine Vorschläge zustande kommen, Tipps und Anregungen geben!

6. Einigung auf einen Lösungsvorschlag

⇨ Die Schlichter füllen den **Vertrag** aus!

⇨ Die Streitenden unterschreiben ihn!

7. Abschluss

⇨ Wenn es gewünscht wird, einen **Termin** für ein nochmaliges Treffen vereinbaren.

⇨ Die beiden Streitenden fragen, wie sie sich nun fühlen.

⇨ **Verabschiedung**, sich bei den Streitenden für ihr Kommen und ihre Mitarbeit bedanken.

⇨ Die Verträge werden für alle Beteiligten kopiert!

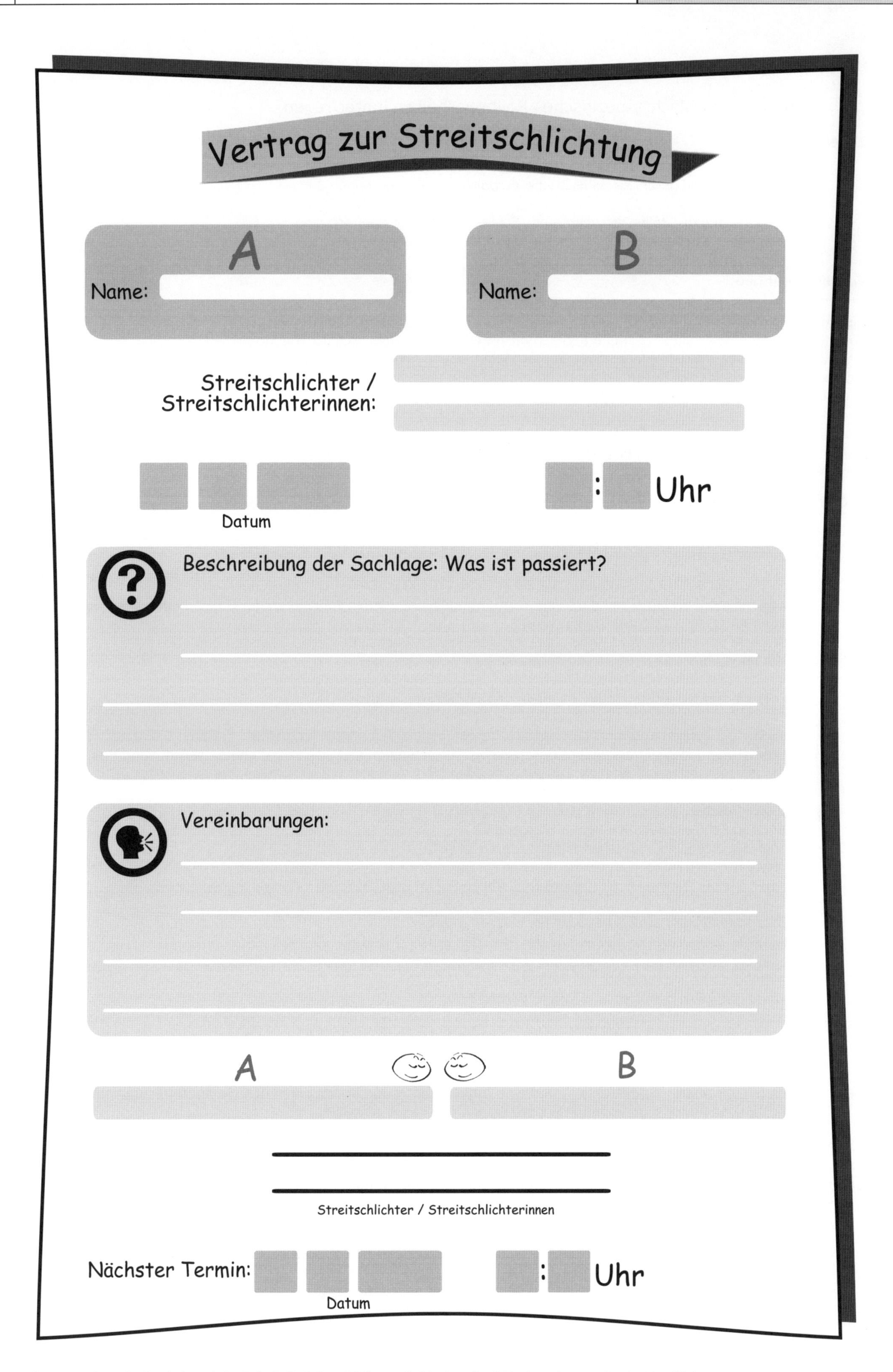
Vertrag zur Streitschlichtung
A
Name:
B
Name:
Streitschlichter / Streitschlichterinnen:
Datum
: Uhr
Beschreibung der Sachlage: Was ist passiert?
Vereinbarungen:
A
B
Streitschlichter / Streitschlichterinnen
Nächster Termin:
Datum
: Uhr

Thema: Geschlechtsspezifisches Rollenverhalten hinterfragen

Einzel- oder Doppelstunde

In dieser Stunde brauchen Sie:

- Partymusik
- Kopien von KV 50–53 im Klassensatz
- 2 Plakate, Plakatstifte
- evtl. 2. Raum für Gruppenarbeit

Ziele:

- Die Schüler sollen geschlechtsspezifische Verhaltensmuster erkennen und hinterfragen.
- Sie sollen gängige „Rollenklischees" und „Schubladendenken" hinterfragen.
- Sie sollen ihr eigenes geschlechtsspezifisches Verhalten reflektieren.

Vorüberlegungen:

Die Heranwachsenden sind laufend, teils in massiver Form, mit geschlechtsspezifischen Rollenerwartungen konfrontiert. Sie übernehmen oft unreflektiert Rollenklischees von Eltern, Freunden und Medien. Nur ein Hinterfragen dieses „Schubladendenkens" ermöglicht es, ein eigenes, maßgeschneidertes Rollenbild zu entwickeln, in dem man sich mit eigenen Ansichten und Werten wiederfinden kann.
Gerade bei Schülern aus dem islamischen Kulturraum ist das Abrücken von und Neudefinieren der traditionellen Frauen- und Männerrolle ein heikles Thema. Die humorvolle Aufbereitung dieser Stunde gibt Schülern aller Nationalitäten die Möglichkeit, aktiv teilzunehmen.

Einstieg:
Lassen Sie die Schüler kurz ihr Befinden in dieser Konfliktsituation reflektieren:

Bilden Sie zwei Sitzkreise und bitten Sie die Mädchen der Klasse in einem, die Jungen im anderen Platz zu nehmen. Erklären Sie, dass eine Wortkette gebildet werden soll, indem der Satz *„Jungen bzw. Mädchen finde ich ..."* vervollständigt wird.
Der Nächste soll nun ein Wort finden, das mit dem letzten Buchstaben des vorherigen beginnt!
Z.B. *„Jungen finde ich cool!" „lustig!" „grauenvoll!" „lästig!"* usw.

Sitzkreis

Sind die Wortketten fertig, lassen Sie einen großen Sitzkreis bilden!

Bitten Sie fünf Jungen und fünf Mädchen sich für ein lustiges Rollenspiel zu melden. Erklären Sie, dass die Schüler nun jeweils in die andere Geschlechterrolle schlüpfen und sich so benehmen sollen, wie sie das andere Geschlecht erleben! Die Jungen sollen Mädchen oder Frauen spielen, die eine Party besuchen, die Mädchen sollen „typisches Männerverhalten" zeigen. Dabei darf ruhig übertrieben dargestellt werden!
Die übrigen Schüler bilden die Beobachtergruppe.
Schalten Sie Musik ein und geben Sie das Startzeichen!

Belohnen Sie die Darsteller mit Applaus und stellen Sie im anschließenden Auswertungsgespräch folgende Fragen:
Welches „männliche"/„weibliche" Verhalten wurde gezeigt?
Was hat die Jungen an der Darstellung der Mädchen gestört? Was war für sie in Ordnung?
Was hat die Mädchen an der Darstellung der Jungen gestört? Was war für sie in Ordnung?
Wie wichtig ist es, sich „typisch" zu verhalten?
Was passiert, wenn man sich „untypisch" verhält?

Stellen Sie die Sitzordnung wieder her und verteilen Sie Kopien von KV 50 an die Mädchen, von KV 51 an die Jungen der Klasse. Bitten Sie sie diese in EA auszufüllen und geben Sie dafür etwa 10 min Zeit!

Bilden Sie nun wieder eine Mädchen- und eine Jungengruppe und lassen Sie in den Gruppen die zehn am häufigsten genannten Eigenschaften finden und auf ein Plakat schreiben.
Anschließend werden beide Plakate an die Tafel geklebt und die Eigenschaften bei **Ü1** (KV 52) im Buch eingetragen.

Bitten Sie die Schüler, sich Gedanken zu den Fragen von **Ü1** zu machen und dann **Ü2** (KV 53) auszufüllen.

Lassen Sie einige Schüler ihre Ergebnisse präsentieren und besprechen Sie diese.
Betonen Sie, dass es nicht wichtig ist, einem Bild zu entsprechen, sondern viel wichtiger, seine eigene Rolle selbst zu definieren!

Reflexion:

Ü3 (KV 53): Zum Abschluss sollen die Schüler bewerten, wie wichtig das Thema der Stunde für sie war!

Notizen:

Sammle typische Eigenschaften und Verhaltensweisen von Mädchen und Frauen!
Vielleicht kannst du bei jedem Buchstaben etwas eintragen!

A
B
C
D
E
F
G
H
I
K
L
M
N
O
P
R
S
T
U
V
W
Z

Sammle typische Eigenschaften und Verhaltensweisen von Jungen und Männern!
Vielleicht kannst du bei jedem Buchstaben etwas eintragen!

A

B

C

D

E

F

G

H

I

K

L

M

N

O

P

R

S

T

U

V

W

Z

Ü 1 *Besprecht in der Gruppe, was für euch „typisch weiblich", was „typisch männlich" ist, und tragt eure Ergebnisse hier ein!*

Macht euch Gedanken zu folgenden Fragen:

Bin ich als Junge/Mädchen so wie diese Beschreibungen?
Will ich so sein oder bleibt mir vielleicht nichts anderes übrig?
Woran könnte das liegen?

Ü2 *Welche Eigenschaften (männlich und weiblich) hast du oder würdest du gerne haben?*

So sehe ich mich als Frau/Mann ...

(Nichtzutreffendes streichen)

Ü3 *Zeichne auf der Skala ein, wie wichtig diese Stunde für dich war!*

Thema: Beziehung zum anderen Geschlecht

2 - 3 Stunden

Ziele:

- Die Schüler sollen ihr eigenes Selbstbild hinterfragen und ihre Wirkung auf andere überprüfen.
- Sie sollen in den Medien vorgegebene Schönheitsideale infrage stellen.
- Sie sollen eigene Vorstellungen vom „Idealtyp Mann"/„Idealtyp Frau" entwickeln.
- Sie sollen sich Gedanken über Auswahlkriterien für die Partnerwahl machen.
- Sie sollen Erwartungen an Beziehung und Partnerschaft ergründen.

In diesen Stunden brauchen Sie:

- Folie von KV 54 und KV 55
- Folie von KV 57 und KV 62
- Kopien von KV 56, 58, 59, 60, 61, 63 in unterschiedlicher Anzahl
- 2 kleine Zettel
- große Anzahl an Illustrierten und Bildmaterial für Collagen
- A3-Zeichenblätter, je eines pro Kleingruppe
- A5-Zettel, je 10 pro Kleingruppe
- Klebezettel, je 5 pro Schüler
- 2 Plakate + Plakatstifte

Vorüberlegungen:

Für Jugendliche ist die eigene Wirkung auf andere, insbesondere die auf das andere Geschlecht, einer der zentralen Punkte ihres Lebens. Dabei spielen Äußerlichkeiten eine große Rolle.
Für die Entwicklung des Selbstwertes ist es wichtig, dass die Schüler sich zuerst mit dem eigenen Selbstbild und ihrem Wirkungswunsch auf andere auseinandersetzen. Im nächsten Schritt sollen Idealvorstellungen kritisch beleuchtet und in Bezug auf die Partnerwahl hinterfragt werden. Die Jugendlichen sollen erkennen, dass Äußerlichkeiten alleine kaum als Auswahlkriterien für einen Partner/eine Partnerin reichen und dass für gute Beziehungen ganz andere Voraussetzungen wichtig sind.

Die beschriebenen Übungen sollen in geschlechtsspezifisch zusammengesetzten Gruppen durchgeführt werden. Für die Durchführung ist also eine räumliche Trennung von Jungen und Mädchen nötig. Beide Gruppen sollten von einer Lehrkraft des Vertrauens betreut werden.

(Die Übungen sind in Anlehnung an G. Böttger / A. Reich; Soziale Kompetenz und Kreativität fördern, Cornelsen Scriptor, Berlin 1998, S. 60-65 u. 107-110 entstanden.)

Stundenverlauf: Mädchengruppe

Einstieg:

Präsentieren Sie die Folie von KV 54 und bitten Sie die Schülerinnen sich für den Begriff pro Überschrift zu entscheiden, der ihrem Wunschbild von sich selbst am besten entspricht, und die gewählten Begriffe bei **Ü1** (KV 56) einzutragen!

Lassen Sie 4er- oder 5er-Gruppen bilden. Nun sollen die Schülerinnen sich überlegen, wie sie gerne auf andere wirken würden. Eine Möglichkeit soll von der Folie von KV 57 auf einen Zettel übertragen werden. Der Zettel wird gefaltet und in der Hand gehalten, während die anderen Gruppenmitglieder rückmelden sollen, wie sie die Wirkung dieser Person auf andere einschätzen. Dabei kann es in den Gruppen zu Diskussionen kommen, da diese Einschätzungen sehr individuell sind! Weisen Sie darauf hin, dass bei Unklarheiten unbedingt nachgefragt werden soll, um diese auszuräumen! Am Ende wird die selbst gewählte Wirkung vorgelesen und die Klassenkameradinnen sollen dazu Stellung nehmen! Voraussetzung für diese Übung sind sensible Rückmeldungen, niemand soll beleidigt werden!

Bei **Ü2** (KV 56) sollen die Mädchen nun Eigenschaften auswählen, die ihnen für ihr Selbstbild sehr wichtig sind. Anschließend soll eine Rangordnung nach Wichtigkeit erstellt werden!

Nach dem Arbeiten am Selbstbild geht es im nächsten Schritt um das Ideal einer Frau. Geben Sie jeder Gruppe ein Zeichenblatt und einen Stoß Zeitschriften und bitten Sie sie, gemeinsam eine Collage zum Thema „Idealfrau" zu erstellen. Dabei sollen Bilder und Texte aus den Illustrierten verwendet werden, die mit eigenen Zeichnungen und Wörtern ergänzt werden können. Dabei sollen die Vorstellungen aller Gruppenmitglieder einfließen!

Plenum

Anschließend werden die Collagen kurz vorgestellt und im Plenum besprochen.
Welche der dargestellten Eigenschaften und Merkmale sind realistisch?
Welche Idealvorstellungen sind durch die Medien und die Gesellschaft vorbestimmt?
Wie wird die ideale Frau in den Medien dargestellt?
Wie viele Frauen können mit diesem Idealbild mithalten?
Welche Ideale kommen in den Collagen immer wieder vor?
Worauf haben die Gruppen viel/keinen Wert gelegt?

Anschließend werden die Collagen eingesammelt und der Jungengruppe übergeben.

Nun sollen in den Kleingruppen mindestens zehn Merkmale, die eine Traumfrau erfüllen sollte, gesammelt und einzeln auf A5-Zettel geschrieben werden.

Die Zettel werden an der Tafel befestigt, wobei nach „Äußerlichkeiten" oder „Charaktereigenschaften" sortiert werden soll. So entsteht eine Sammlung an Merkmalen, aus denen die Schülerinnen nun je drei auswählen sollen, die für sie persönlich zum Bild der Traumfrau gehören. Diese sechs Merkmale werden bei **Ü3** (KV 58) eingetragen.

Lassen Sie nun in Einzelarbeit **Ü3** machen. Freiwillige dürfen ihre Ergebnisse präsentieren!

Lassen Sie nun mehrere Tische aneinanderstellen und breiten Sie die Collagen der Jungen darauf aus. Jedes Mädchen kann nun auf Klebezetteln seine Meinung zu den Kunstwerken kundtun. Dabei geht es nicht um die Gestaltung, sondern um die Aussagen, die die Jungen durch die Collagen über ihr Bild von einem Traummann getätigt haben!

Plenum

Bei **Ü5** (KV 60) können nun Eigenschaften des persönlichen Traummannes notiert werden!

Bitten Sie die Schülerinnen sich Gedanken über partnerschaftliche Beziehungen zu machen und den Fragebogen (**Ü7,** KV 61) auszufüllen.
Im Anschluss können im Plenum einige Ergebnisse gesammelt werden und ein Plakat für die Klassenausstellung, die für Jungen und Mädchen offensteht, angefertigt werden. So bekommen auch die Schüler der Klasse Einblick in die Erwartungen, Wünsche und Ängste der Schülerinnen.

Reflexion:

Gestalten Sie aus den Collagen (+ Klebezetteln) und Plakaten der Mädchen- und der Jungengruppe eine Ausstellung und planen Sie genügend Zeit ein, damit diese auch besucht wird!

Stundenverlauf: Jungengruppe

Einstieg:

Präsentieren Sie die Folie von KV 55 und bitten Sie die Schüler sich für den Begriff pro Überschrift zu entscheiden, der ihrem Wunschbild von sich selbst am besten entspricht und die gewählten Begriffe bei **Ü1** (KV 56) einzutragen!

Im nächsten Arbeitsschritt sollen die Schüler selbst überprüfen, inwieweit diese Aussagen mit der Realität übereinstimmen.
Danach kann ein Austausch darüber mit anderen Gruppenmitgliedern erfolgen.

Lassen Sie 4er- oder 5er-Gruppen bilden. Nun sollen die Schüler sich überlegen, wie sie gerne auf andere wirken würden. Ein Möglichkeit von der Folie (KV 62) soll auf einen Zettel übertragen werden. Der Zettel wird gefaltet und in der Hand gehalten, während die anderen Gruppenmitglieder rückmelden sollen, wie sie die Wirkung dieser Person auf andere einschätzen. Dabei kann es in den Gruppen zu Diskussionen kommen, da diese Einschätzungen sehr individuell sind! Weisen Sie darauf hin, dass bei Unklarheiten unbedingt nachgefragt werden soll, um diese auszuräumen! Am Ende wird die selbst gewählte Wirkung vorgelesen und die Kollegen sollen dazu Stellung nehmen! Voraussetzung für diese Übung sind sensible Rückmeldungen, niemand soll beleidigt werden!

Bei **Ü2** (KV 56) sollen die Jungen nun Eigenschaften auswählen, die ihnen für ihr Selbstbild sehr wichtig sind. Anschließend soll eine Rangordnung nach Wichtigkeit erstellt werden!

Nach dem Arbeiten am Selbstbild geht es im nächsten Schritt um das Ideal eines Mannes. Geben Sie jeder Gruppe ein Zeichenblatt und einen Stoß Zeitschriften und bitten Sie sie gemeinsam, eine Collage zum Thema „Idealmann" zu erstellen. Dabei sollen Bilder und Texte aus den Illustrierten verwendet werden, die mit eigenen Zeichnungen und Wörtern ergänzt werden können. Dabei sollen die Vorstellungen aller Gruppenmitglieder einfließen!

Anschließend werden die Collagen kurz vorgestellt und im Plenum besprochen.
Welche der dargestellten Eigenschaften und Merkmale sind realistisch?
Welche Idealvorstellungen sind durch die Medien und die Gesellschaft vorbestimmt?
Wie wird der ideale Mann in den Medien dargestellt?
Können alle Männer mit diesem Idealbild mithalten?
Welche Ideale kommen in den Collagen immer wieder vor?
Worauf haben die Gruppen viel/keinen Wert gelegt?

Plenum

Anschließend werden die Collagen eingesammelt und der Mädchengruppe übergeben.

Nun sollen in den Kleingruppen mindestens zehn Merkmale, die ein Traummann erfüllen sollte, gesammelt und einzeln auf A5-Zettel geschrieben werden.

Die Zettel werden an der Tafel befestigt, wobei nach „Äußerlichkeiten" oder „Charaktereigenschaften" sortiert werden soll. So entsteht eine Sammlung an Merkmalen, aus denen die Schüler nun je drei auswählen sollen, die für sie persönlich zum Bild des Traummannes gehören. Diese sechs Merkmale werden bei **Ü4** (KV 59) eingetragen.

Lassen Sie nun in Einzelarbeit **Ü4** machen. Freiwillige dürfen ihre Ergebnisse im Plenum präsentieren oder mit einem Klassenkameraden besprechen.

Lassen Sie nun mehrere Tische aneinanderstellen und breiten Sie die Collagen der Mädchen darauf aus. Jeder Junge kann nun auf Klebezetteln seine Meinung zu den Kunstwerken kundtun. Dabei geht es nicht um die Gestaltung, sondern um die Aussagen, die die Mädchen durch die Collagen über ihr Bild von einer Traumfrau getätigt haben!
Haben die Mädchen dieselben Vorstellungen wie die Jungen davon, was eine Traumfrau ausmacht?
Worin unterscheiden sich die Vorstellungen?

Plenum

Bei **Ü6** (KV 60) können nun Eigenschaften der persönlichen Traumfrau notiert werden!

Bitten Sie die Schüler sich Gedanken über partnerschaftliche Beziehungen zu machen und den Fragebogen (**Ü8,** KV 63) auszufüllen.
Im Anschluss können im Plenum einige Ergebnisse gesammelt werden und ein Plakat für die Klassenausstellung, die für Jungen und Mädchen offensteht, angefertigt werden. So bekommen auch die Schülerinnen der Klasse Einblick in die Erwartungen, Wünsche und Ängste der Schüler.

Reflexion:

Gestalten Sie aus den Collagen (+ Klebezetteln) und Plakaten der Mädchen- und der Jungengruppe eine Ausstellung und planen Sie genügend Zeit ein, damit diese auch besucht wird!

Notizen: ______________________________

Mein Selbstbild

Als Frau wäre ich gerne .../hätte ich gerne ...

Größe:

- ○ klein
- ○ mittelgroß
- ○ groß

Figur:

- ○ sehr schlank
- ○ schlank
- ○ mollig
- ○ muskulös
- ○ weiblich

Haare:

- ○ blond
- ○ braun
- ○ schwarz
- ○ rot
- ○ ____________

Kleidung:

- ○ topmodern
- ○ sexy
- ○ bequem
- ○ sportlich
- ○ ____________

Brüste:

- ○ klein
- ○ mittelgroß
- ○ groß

Auftreten:

- ○ selbstsicher
- ○ lässig
- ○ ruhig
- ○ sexy
- ○ ____________

Mein Selbstbild

Als Mann wäre ich gerne .../hätte ich gerne ...

Größe:
- klein
- mittelgroß
- groß

Figur:
- sehr schlank
- schlank
- rundlich
- muskulös
- kräftig

Haare:
- blond
- braun
- schwarz
- rot
- ____________

Kleidung:
- topmodern
- sexy
- bequem
- sportlich
- ____________

Bart:
- Vollbart
- Schnauzbart
- Bartstoppeln (Dreitagebart)
- glatt rasiert
- ____________

Auftreten:
- selbstsicher
- lässig
- ruhig
- kraftstrotzend
- ____________

Gesäß:
- flach
- rund
- dick
- muskulös

____
- ____________
- ____________
- ____________
- ____________
- ____________

Ü 1 So würde ich gerne aussehen ...

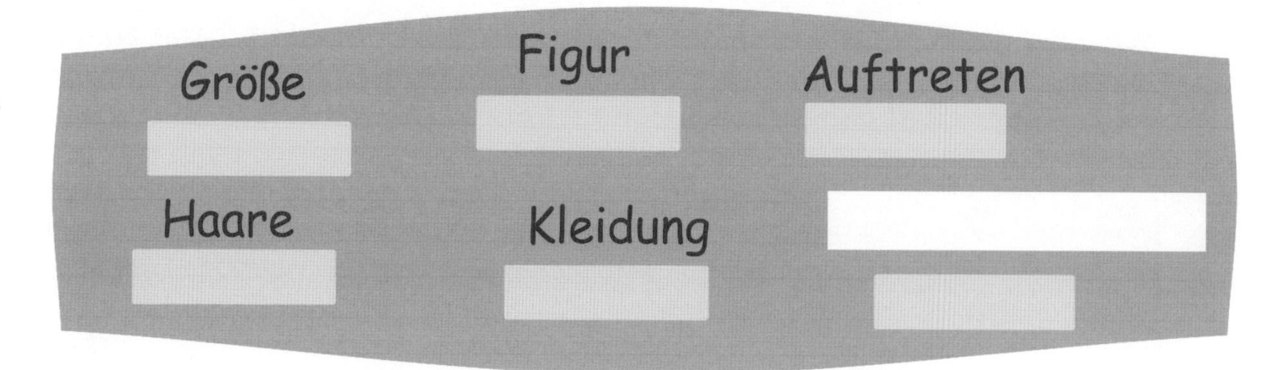

Jeder Mensch hat ein Wunschbild von sich selbst, das leider nicht immer der Realität entspricht.
Überlege:

- *Stimmt dein Wunschbild mit der Wirklichkeit überein?*
- *Wie wichtig sind dir Äußerlichkeiten?*
- *Was könntest du leicht verändern, damit du dein Wunschaussehen erreichst?*
- *Was wirst du nur schwer schaffen können?*
- *Woher kommen deine Wünsche? Hat dich jemand (Eltern, Freunde, ...) oder etwas (Fernsehen, Werbung, ...) beeinflusst?*

Ü 2 So wäre ich gerne ...

Neben dem Wunsch nach einem bestimmten Aussehen möchtest du sicher auch bestimmte Eigenschaften besitzen! Wähle aus der folgenden Liste zehn aus, die für dein Selbstbild wichtig sind!

○ aktiv	○ fleißig	○ häuslich	○ mutig	○ selbst-sicher	○ verantwor-tungsvoll
○ belastbar	○ flexibel	○ humorvoll	○ nach-denklich	○ sensibel	○ verlässlich
○ cool	○ freundlich	○ intelligent	○ ordnungs-liebend	○ sportlich	○ vielseitig
○ durchset-zungsfähig	○ fröhlich	○ kritisch	○ pünktlich	○ stark	○ vorsichtig
○ eifersüchtig	○ geduldig	○ lustig	○ religiös	○ stolz	○ weichherzig
○ erfinderisch	○ gepflegt	○ mitfühlend	○ romantisch	○ tempera-mentvoll	○ zärtlich
○ fair	○ gesprächig	○ modern	○ ruhig	○ tolerant	○ zufrieden
○ fantasievoll	○ großzügig	○ musikalisch	○ schüchtern	○ treu	○ zurück-haltend

Sind dir diese Eigenschaften alle gleich wichtig oder kannst du sie nach der Wichtigkeit für dich ordnen?
Schreibe die Eigenschaften, die dir besonders wichtig sind, nahe zu dem „Ich" und ordne die weniger wichtigen rundherum in gewissen Abständen an!

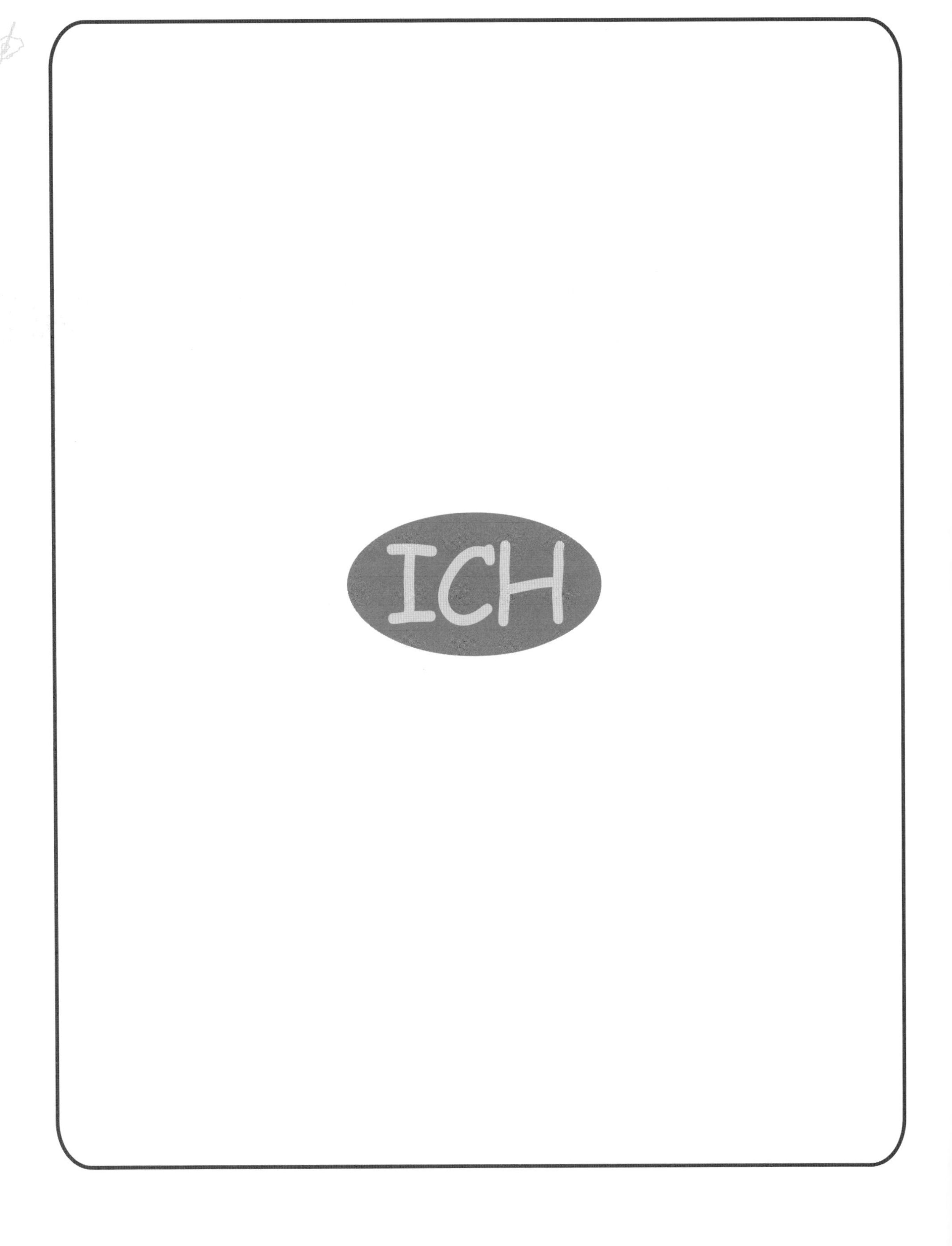

Wie möchtest du auf den ersten Blick wirken?

Was soll sich jemand, der dich zum ersten Mal sieht, denken?

☞ Vorsicht, die hat´s faustdick hinter den Ohren!

☞ Die sieht sehr gut aus!

☞ Die weiß, was sie will!

☞ Der kann man nichts vormachen!

☞ Die ist bestimmt nett!

☞ Sieht aus, als könnte man mit ihr viel Spaß haben!

☞ Die ist sicher schwer zu kriegen!

☞ Die ist anders als die anderen!

☞ Die ist voll sympathisch!

☞ Der kann ich vertrauen!

☞ Die will nur Spaß!

☞

Ü 3 **NUR FÜR MÄDCHEN!!!!!!!**

Bin ich eine Traumfrau?

Schreibe je drei Begriffe, die für dich zum Bild der Traumfrau gehören, in die zwei Spalten!

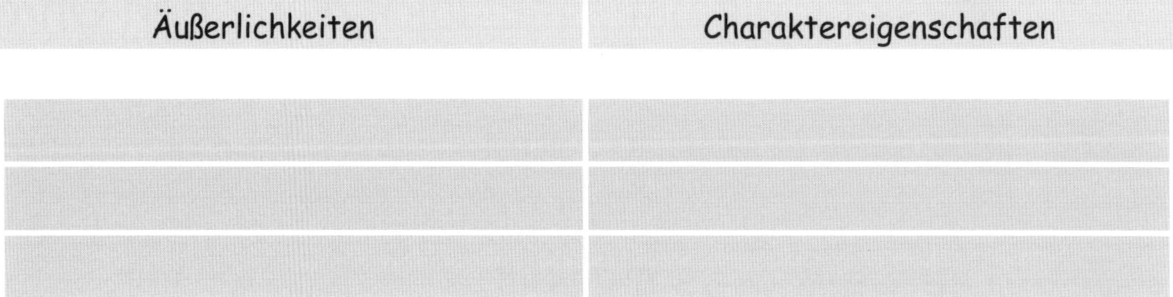

Äußerlichkeiten	Charaktereigenschaften

Du machst dir deine eigenen Vorstellungen von einer Traumfrau und weißt recht genau, welche Merkmale sie haben soll. Viele Menschen stellen dabei sehr hohe Anforderungen, die sie selbst gar nicht erfüllen können. Überprüfe, ob du in deinen Augen eine Traumfrau bist, indem du mit den sechs von dir gewählten Begriffen einen Satz wie den Beispielsatz formulierst!

Ich bin schön, schlank, habe eine tolle Figur, bin selbstbewusst, sexy und klug!

Und wie ist es dir dabei ergangen? Kannst du deinen Anforderungen entsprechen oder passen die Eigenschaften nicht zu dir?
Überlege:
Bist du keine Traumfrau? Oder haben andere Menschen vielleicht ganz andere Erwartungen vom „Traumtyp"?

Versuche, folgenden Satz zu vervollständigen:

Ich bin eine Traumfrau für jemanden, der eine ______________ Frau sucht!

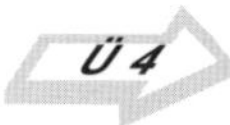

NUR FÜR JUNGEN!!!!!!

Bin ich ein Traumtyp?

Schreibe je drei Begriffe, die für dich zum Bild des Traummannes gehören, in die zwei Spalten!

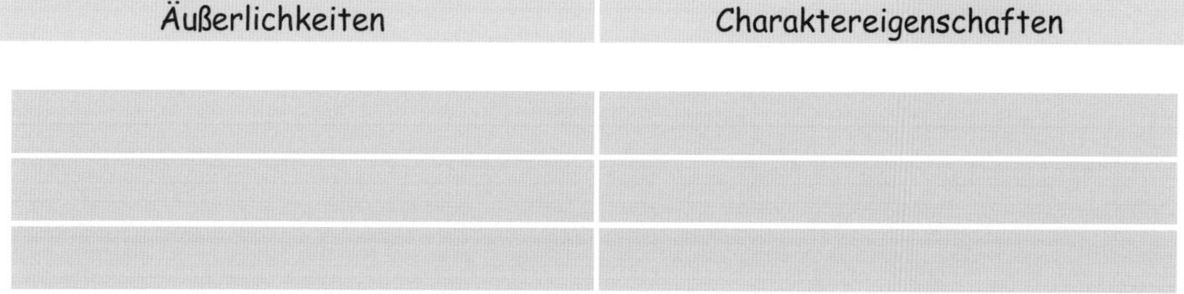

Äußerlichkeiten	Charaktereigenschaften

Du machst dir deine eigenen Vorstellungen von einem Traummann und weißt recht genau, welche Merkmale er haben soll. Viele Menschen stellen dabei sehr hohe Anforderungen, die sie selbst gar nicht erfüllen können. Überprüfe, ob du in deinen Augen ein Traumtyp bist, indem du mit den sechs von dir gewählten Begriffen einen Satz wie den Beispielsatz formulierst!

Ich bin cool, schlank, habe einen muskulösen Körper, bin selbstbewusst, sexy und klug!

Und wie ist es dir dabei ergangen? Kannst du deinen Anforderungen entsprechen oder passen die Eigenschaften nicht zu dir?
Überlege:
Bist du kein Traummann? Oder haben andere Menschen vielleicht ganz andere Erwartungen vom „Traumtyp"?

Versuche, folgenden Satz zu vervollständigen:

Ich bin ein Traummann für jemanden, der einen ____________ Mann sucht!

Ü 5 **NUR FÜR MÄDCHEN!!!!!!!**

Traum oder Wirklichkeit?

Beschreibe hier deinen Traummann! Denke daran, dass Äußerlichkeiten alleine einen Menschen nicht ausmachen!

Ü 6 **NUR FÜR JUNGEN!!!!!!**

Traum oder Wirklichkeit?

Beschreibe hier deine Traumfrau! Denke daran, dass Äußerlichkeiten alleine einen Menschen nicht ausmachen!

NUR FÜR MÄDCHEN!!!!!!!

So stelle ich mir eine Beziehung vor!

Das erwarte ich von meinem Freund:

Diese Eigenschaften soll er haben:

So soll er mich behandeln:

So soll er mich nicht behandeln:

Das soll er nicht tun:

Das würde mich glücklich machen:

Das würde mich verletzen:

Davor habe ich Angst:

Das wäre ein Trennungsgrund:

Wie möchtest du auf den ersten Blick wirken?

Was soll sich jemand, der dich zum ersten Mal sieht, denken?

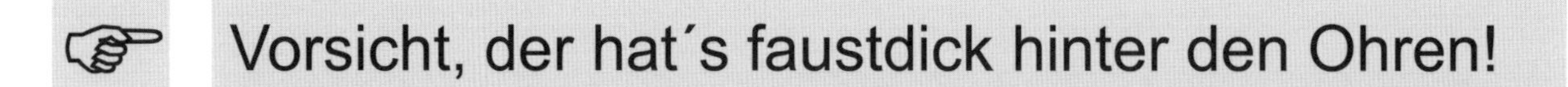

- Der sieht sehr gut aus!
- Der weiß, was er will!
- Dem kann man nichts vormachen!
- Der ist bestimmt nett!
- Sieht aus, als könnte man mit ihm viel Spaß haben!
- Der ist sicher schwer zu kriegen!
- Der ist anders als die anderen!
- Der ist voll sympathisch!
- Dem kann ich vertrauen!
- Der will nur Spaß!
- Der ist total stark!
-

NUR FÜR JUNGEN!!!!!!

So stelle ich mir eine Beziehung vor!

Das erwarte ich von meiner Freundin:

Diese Eigenschaften soll sie haben:

So soll sie mich behandeln:

So soll sie mich nicht behandeln:

Das soll sie nicht tun:

Das würde mich glücklich machen:

Das würde mich verletzen:

Davor habe ich Angst:

Das wäre ein Trennungsgrund:

Thema: Erstellung eines Sitzplanes mit Hilfe der Soziometrie

Doppelstunde

In dieser Stunde brauchen Sie:
- Folie von Gesprächsregeln (KV 66)
- Kopien von KV 64, 65, 67 im Klassensatz
- Auswertungsbogen KV 68
- Wollknäuel

Ziele:

- Die Schüler sollen über Beziehungen und Verbindungen in der Klasse nachdenken.
- Sie sollen Strategien entwickeln, Außenseiter in ihrer Klasse zu integrieren.
- Sie sollen sich Gedanken über die Wahl eines geeigneten Sitznachbarn machen.

Vorüberlegungen:

Schulklassen sind nicht einfach ein Raum voller Kinder. Mit der Zunahme der Interaktionen in einer Klasse entwickelt sich aus einem beziehungslosen Nebeneinander im Anfangsstadium ein soziales sowie emotionales Kräftefeld. Zwischen den Klassenkameraden entstehen emotionale Beziehungen, die sich mehr und mehr verfestigen.
Jeder Pädagoge kennt die Problematik einer Sitzordnung, die Unterricht möglichst produktiv stattfinden lässt. Bei freier Sitzplatzwahl können sich neben zu reger unterrichtsfremder Kommunikation auch Probleme durch Körpergröße, Fehlsichtigkeit und sprachliche Isoliertheit ergeben. Außerdem ist der frei gewählte Sitznachbar zwar meist ein Freund, oftmals aber kein geeigneter Lernpartner! Auf all diese Gegebenheiten muss Rücksicht genommen werden.
Ein ☞ Soziometrischer Test ist eine Möglichkeit mit den Schülern gemeinsam an einer geeigneten Lösung zu arbeiten, die in Folge auch die Integration von Außenseitern beinhaltet.
Nach der Auswertung der Fragebögen (KV 67) mithilfe des Auswertungsbogens (KV 68), können Sie auf den Ergebnissen eine neue Sitzordnung aufbauen und diese einer Testphase unterziehen.

Einstieg:

Sitzkreis

Erklären Sie, dass während des folgenden Spiels nicht gesprochen werden darf! Bitten Sie die Schüler sich auf Ihr nonverbales Kommando hin mit ihrem Stuhl einen Platz im Klassenraum zu suchen, an dem sie sich wohlfühlen. Näheres Hinrücken zu oder Wegrücken von anderen Stühlen ist so lange erlaubt, bis Sie das Spiel beenden!
In einem folgenden ☞ Blitzlicht können folgende Fragen gestellt werden:

Gibt es jemanden, der im Mittelpunkt steht?
Steht jemand alleine da oder wurde zum Außenseiter?
Stimmt das Bild mit der tatsächlichen Situation in dieser Klasse überein?
Warum bist du ab- oder nähergerückt?
Wie ist dir jetzt an deinem Platz zumute?

⇨ Stellen Sie nun die übliche Sitzordnung wieder her und lesen Sie gemeinsam **Ü1** (KV 64)!

Plenum

⇨ Bitten Sie die Schüler **Ü2** (KV 65) zu machen und geben Sie dafür einen Zeitrahmen von etwa 20 min vor.

⇨ Vergleichen Sie die Ergebnisse und besprechen Sie diese!

⇨ Im folgenden sensiblen Unterrichtsgespräch sollen die Jugendlichen zu folgenden Fragen Stellung nehmen:
Was könnte eine Klasse tun, damit sich Außenseiter wohler fühlen?
Haben diese Kinder Interesse daran dazuzugehören?
Was macht Schüler zu Außenseitern?
Achten Sie während der Diskussion auf die Einhaltungen von Gesprächsregeln bzw. legen Sie die Folie von KV 66 auf!

⇨ Schreiben Sie nun „Unsere neue Sitzordnung" an die Tafel und bitten Sie die Schüler sich Kriterien für einen passende Sitznachbarn zu überlegen. Betonen Sie, dass nicht Sympathie und Freundschaft alleine ausschlaggebend sein sollten, sondern vor allem Kriterien wie gute Zusammenarbeit, Hilfsbereitschaft, wenig störende Ablenkung etc., damit ein gutes Klassenklima geschaffen werden kann!

Verteilen Sie nun die Kopien von KV 67 und bitten Sie die Klasse, diese auszufüllen. Erklären Sie, dass Sie diese Angaben vertraulich behandeln und für den Entwurf Ihrer nächsten Sitzordnung heranziehen werden!

Reflexion:

Erklären Sie, dass zum Abschluss dieser Stunde ein gemeinsames Klassenbild/Klassenmandala entstehen soll!
Befestigen Sie ein leeres Plakat an einer Pinnwand und verteilen Sie bunte Glassteine oder Ähnliches an die Schüler. Sie können mit einem Stein in der Mitte des Plakates den Anfang machen, dann kommen die Kinder nacheinander zu Ihnen, um sich Klebstoff zu holen und ihre Steine aufzukleben. So entsteht ein buntes Mandala, das für einige Zeit als Klassenschmuck dienen kann!

Notizen: ______________________________

Ü 1 Ein Sitzplan, der jedem passt?

Immer wieder gibt es in der 7a Probleme mit der Sitzordnung. Einige Schüler fühlen sich von ihren Nachbarn ständig gestört, andere beschweren sich darüber, dass eine Zusammenarbeit mit dem Sitznachbarn/der Sitznachbarin nicht möglich ist. Auch Lehrer haben sich schon über das ständige Streiten und die damit verbundene Unruhe beschwert.
Herr Maier, der Klassenlehrer der 7a, hat eine Idee, die vielleicht Abhilfe schaffen könnte: Er bittet die Schüler, auf einem Zettel die Namen von zwei Klassenkameraden zu notieren, neben denen sie gerne sitzen würden. Außerdem sollten sie auch aufschreiben, wenn sie neben jemandem auf keinen Fall sitzen möchten. Herr Maier wertet die Ergebnisse aus und zeichnet ein Schaubild, ein so genanntes „Soziogramm".

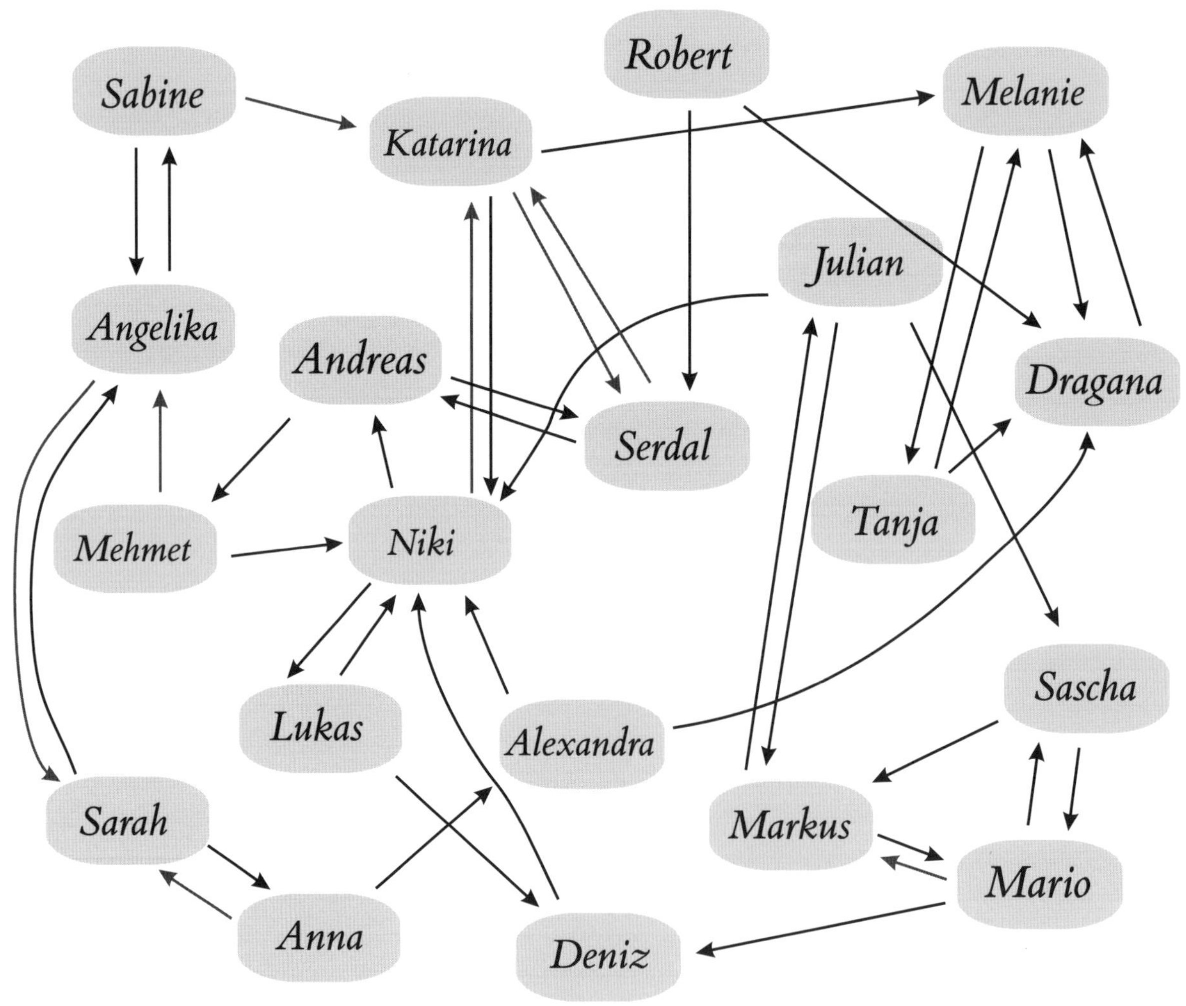

Legende:
A ——► B: A möchte neben B sitzen!
A ——► B: A möchte nicht neben B sitzen!

Aus diesem Schaubild kann man sehr viel über die Klasse herauslesen. Versuche, folgende Fragen zu beantworten:

Welche Schüler oder Schülerinnen der 7a sind sehr beliebt?

Welche Schüler oder Schülerinnen wurden nicht als Sitznachbar gewählt oder öfter abgelehnt?

Welche Jugendlichen haben sich gegenseitig gewählt?

Zwischen welchen Schülern gibt es Schwierigkeiten?

Versuche, die folgenden Tabellen für die einzelnen Schüler auszufüllen!

Angelika

hat gewählt:	hat abgelehnt:	wurde gewählt von:	wurde abgelehnt von:	mögliche Sitznachbarn:

Mario

hat gewählt:	hat abgelehnt:	wurde gewählt von:	wurde abgelehnt von:	mögliche Sitznachbarn:

Serdal

hat gewählt:	hat abgelehnt:	wurde gewählt von:	wurde abgelehnt von:	mögliche Sitznachbarn:

Herr Maier hat mithilfe des Soziogramms folgenden Sitzplan entworfen:

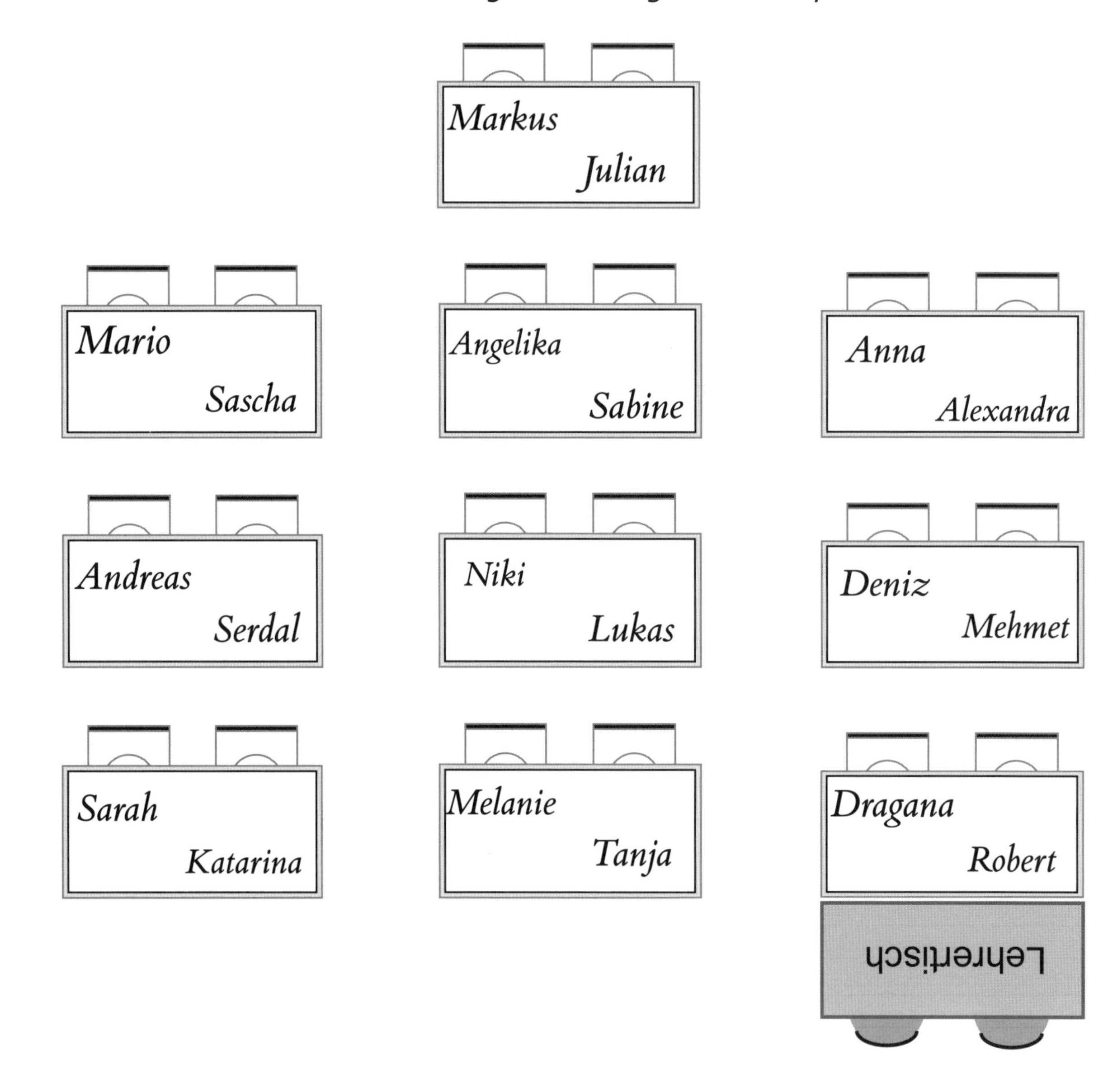

Überlege, warum er sich so entschieden hat!

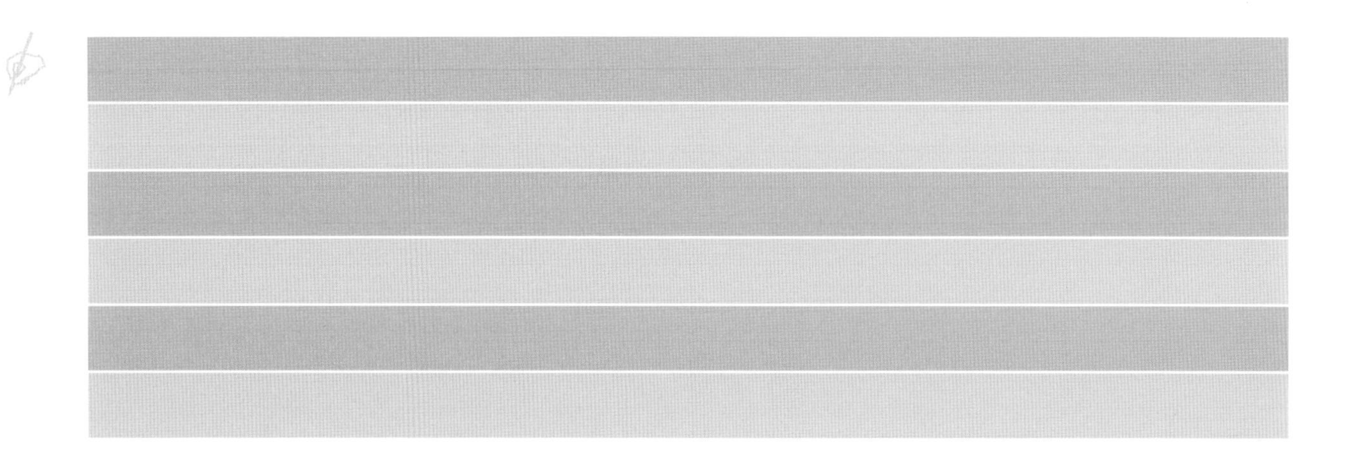

Unsere Gesprächsregeln

1. Höre dem Sprecher/der Sprecherin aufmerksam zu!
2. Lasse den Sprecher/die Sprecherin ausreden und rede nicht dazwischen!
3. Verspotte niemanden, der etwas Unverständliches oder Unpassendes sagt!
4. Melde dich durch Handzeichen zu Wort!
5. Schaue beim Reden die Mitschüler und Mitschülerinnen an!
6. Bemühe dich, beim Thema zu bleiben!
7. Beziehe dich auf vorher Gesagtes!
8. Drücke dich verständlich aus!
9. Versuche, deine Meinung zu begründen!
10. Sprich laut und deutlich!
11. Führe keine Nebengespräche!

Mein Name

Denke an die Kriterien für einen geeigneten Sitznachbarn, die wir gerade besprochen haben, und notiere in jeder Spalte die Namen von ein oder zwei deiner Mitschüler!

Neben wem würdest du gerne sitzen?

Neben wem möchtest du auf keinen Fall sitzen?

Denke an die Kriterien für einen geeigneten Sitznachbarn, die wir gerade besprochen haben, und notiere in jeder Spalte die Namen von ein oder zwei deiner Mitschüler!

Neben wem würdest du gerne sitzen?

Neben wem möchtest du auf keinen Fall sitzen?

Denke an die Kriterien für einen geeigneten Sitznachbarn, die wir gerade besprochen haben, und notiere in jeder Spalte die Namen von ein oder zwei deiner Mitschüler!

Neben wem würdest du gerne sitzen?

Neben wem möchtest du auf keinen Fall sitzen?

Auswertung der Fragebögen - Soziogramm

Tragen Sie die Namen Ihrer Schüler in die Kästchen ein! Nehmen Sie einen Fragebogen nach dem anderen zur Hand und ziehen sie blaue Pfeile zu den gewählten und rote zu den abgelehnten Mitschülern.
Ziehen Sie das Ergebnis nun bei dem Entwurf der neuen Sitzordnung heran und beachten Sie dabei vor allem die roten Pfeile!

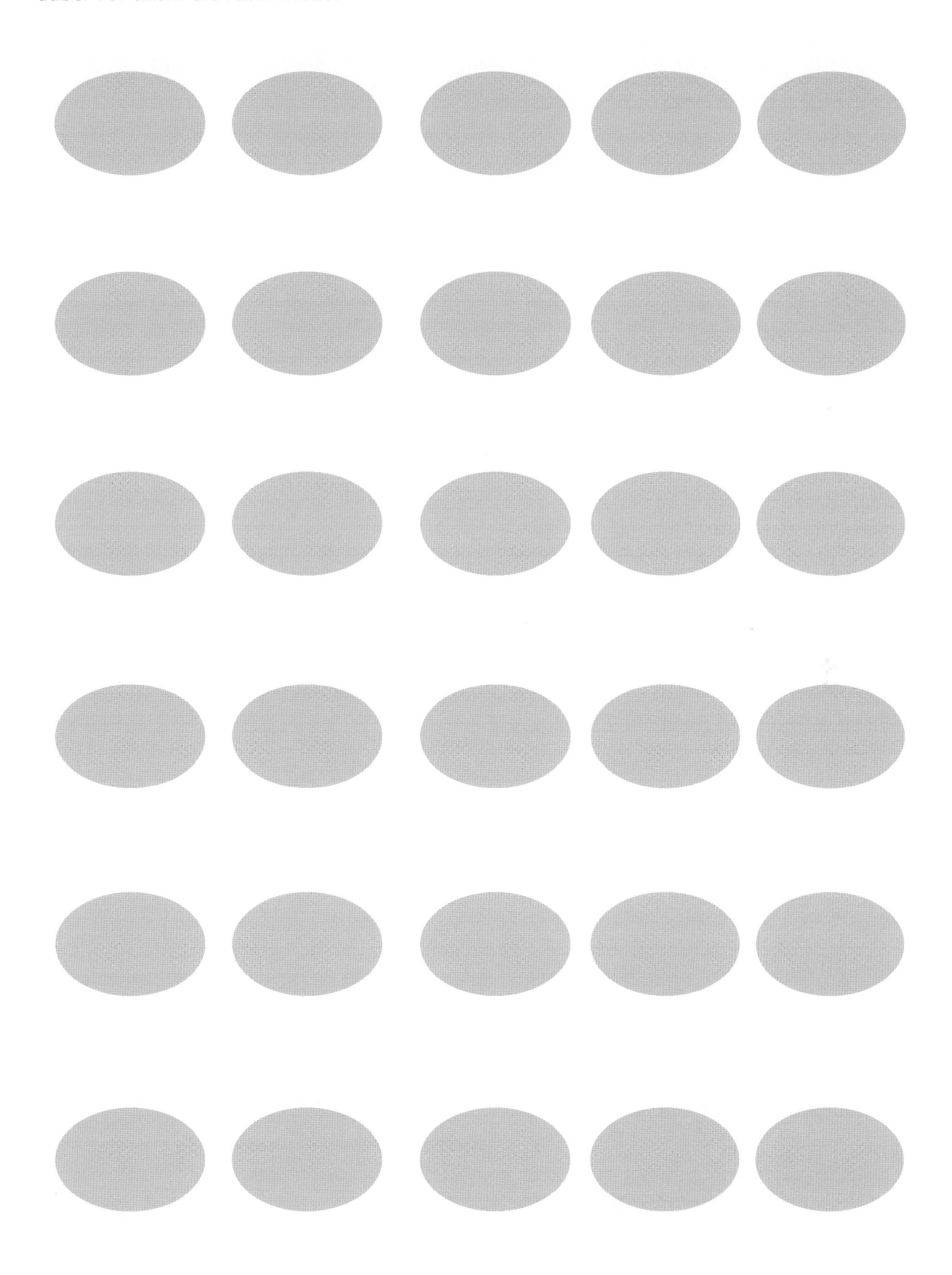

Methodisch/didaktische Erläuterungen, Sachinformationen

Aktivierungszeichen

Verwenden Sie die Sprache möglichst selten für disziplinierende Maßnahmen, damit der Aufbau von Blockaden vermieden wird!
Nonverbale Zeichen oder Gesten, die mit ihrer Bedeutung in der Gruppe eingeübt werden, sind ein guter und von den Schülern gerne akzeptierter Ersatz.
Wenn Sie einen „Startschuss" für eine Aufgabe geben, bzw. den Kindern zeigen wollen, dass sie mit einer Arbeit oder einem Spiel beginnen sollen,

könnten Sie z.B. kräftig in die Hände klatschen, einen Gong auslösen, eine auffordernde Handbewegung machen.

Die Auswahl dieser Zeichen ist völlig beliebig, wichtig ist der konsequente Gebrauch!

Blitzlicht

Bei einem „Blitzlicht" nimmt jeder Teilnehmer kurz Stellung zu einer Frage oder einem Statement. Es soll sich dabei auf keinen Fall um eine lange Diskussion handeln, auf die einzelnen Aussagen soll nicht eingegangen werden. Ein „Blitzlicht" bietet die Möglichkeit, Meinungen und Stimmungen innerhalb der Gruppe zu erheben. Auch diejenigen, die sich sonst kaum melden, kommen zu Wort.
Um es den sprachlich nicht so gewandten Schülern leichter zu machen, sich am Gespräch zu beteiligen, kann ein „**Redeball**" verwendet werden. Mit der Weitergabe des weichen Balles wird auch das Wort an den Nächsten weitergegeben. Der Ball dient außerdem als „Stütze", vor allem die Redeschwachen und kinästhetisch Veranlagten schätzen es sehr „etwas in der Hand zu haben".

Brainstorming

Das Brainstorming ist eine Kreativitätstechnik, bei der in der Gruppe versucht wird, möglichst viele Ideen (einzelne Wörter, Wortgruppen) zu einem Thema zu sammeln. Dabei sollen die Gedanken spontan geäußert oder an der Tafel notiert werden. Die Schüler können ohne Meldung nach vorne kommen, wobei nie mehr als drei Schüler gleichzeitig schreiben sollten, um Mehrfachnennungen zu vermeiden.
Kritik oder Stellungnahmen sind zu diesem Zeitpunkt nicht erwünscht, vielmehr sollen die Ideen der anderen aufgegriffen und für eigene Ansätze verwendet werden. Greifen Sie in den Prozess nur ein, falls sich Verständnisprobleme oder extreme Leerläufe ergeben. Nach Beendigung der Sammlungsphase ist es wichtig die Ergebnisse z.B. in Form eines Clusters oder einer Mindmap zu ordnen.

Edukinästhetik

In der Gehirnforschung wird davon ausgegangen, dass die linke Hemisphäre bei den meisten Menschen logisch, sprachorientiert und realitätsbezogen arbeitet. Die rechte Gehirnhälfte steuert kreative und impulsive Vorgänge.
Edukinästhetische Übungen unterstützen das ganzheitliche Lernen, indem sie das Zusammenspiel der Gehirnhälften optimieren. Dadurch tragen „Brain-Gym-Übungen" wesentlich zur Konzentrations- und Leistungssteigerung bei.

Lerntypen

Man unterscheidet **drei verschiedene Lerntypen:**

Bei vielen Menschen ist der visuelle Sinneskanal stark ausgeprägt (visuell = das Sehen betreffend). **Visuelle/optische** Menschen haben beim Lernen Vorteile, wenn ihnen visuelle Hilfen (Bilder, Grafiken, Filme, Tafelbild, nonverbale Körpersignale ...) angeboten werden, da sie sich an einmal Gesehenes erinnern.

Auditiv/akustisch orientierte Schüler (auditiv = das Hören betreffend) kann man vor allem über das Gehör durch Sprache, Musik, Geräusche etc. ansprechen. Sie können sich besonders gut an Gehörtes erinnern.

Für **kinästhetische/motorische Lerntypen** (kinästhetisch = das Fühlen betreffend) ist es von Vorteil, wenn sie Lernstoff zum „Angreifen" angeboten bekommen. Sie lernen durch Berührung und Bewegung, können kaum still sitzen und reagieren oft emotional. Die Kinästheten sind es, die im herkömmlichen Unterricht oft negativ auffallen, ihnen sollte – wenn möglich – besondere Aufmerksamkeit gewidmet werden!
Da es oft **Mischformen** dieser Lerntypen gibt, ist es wichtig, den Unterricht so zu gestalten, dass **möglichst viele Sinneskanäle** angesprochen werden.

Mindmap

Eine Mindmap ist eine grafische Darstellung, die Beziehungen zwischen verschiedenen Begriffen aufzeigt. Bei der Erstellung sind beide Gehirnhälften gleichzeitig aktiv. Das zu bearbeitende Hauptthema wird möglichst knapp formuliert und/oder als Bild in der Mitte eines Blattes dargestellt und eingekreist. Davon führen nun Hauptäste weg, die mit Oberbegriffen zum Thema beschriftet werden. Diese Äste können beliebig weiter verzweigt und mit Begriffen versehen werden. Bei der Erstellung sollten Farben und Schriftarten variiert sowie Bilder und stichwortartige Formulierungen benutzt werden, um die Mindmap übersichtlich zu gestalten.

Musik

Da der Einfluss, den Musik auf unsere Psyche nehmen kann, groß ist, ist es von Vorteil, wenn Sie sich eine Sammlung von Musik-CDs zulegen, die Sie der Situation angepasst einsetzen können. Für Aktivierungsphasen eignen sich unter anderem schwungvolle Musikstücke jeder Art, moderne Hits, aber auch klassische Musik.
Für Entspannungsphasen (Fantasiereisen, Körperwahrnehmungsübungen ...) bietet sich ebenfalls klassische Musik (Barock, Ballett ...) aber auch jede Art von Chill-out-Musik an.
Richtig eingesetzte Musik kann auch zu einem produktiven Arbeitsklima beitragen.

Quadrat der Nachricht

Dieses Kommunikationsmodell wurde vom Hamburger Psychologen Schulz von Thun 1977 und 1981 vorgestellt. Es geht laut Thun darum, „was jemand von sich gibt bzw. das, was beim anderen ankommt". Die Aussage einer Person (= Nachricht) enthält vier verschiedene Aspekte, die gleichzeitig wirksam sind.

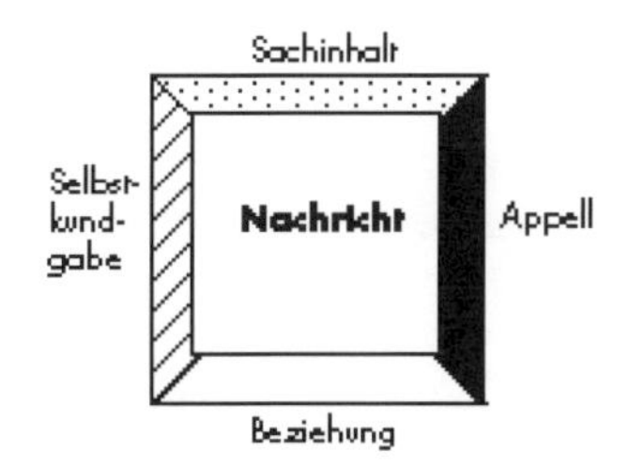

Der Sender der Botschaft sendet also gleichzeitig auf vier Kanälen mit „vier Schnäbeln", während der Empfänger der Nachricht gleichzeitig auf vier Kanälen mit „vier Ohren" hört. Ein- und dieselbe Äußerung enthält also mehrere Botschaften gleichzeitig:

1. eine Sachinformation
   (Es geht um Daten, Fakten und Sachverhalte.)
2. eine Selbstkundgabe
   (Der Sender teilt etwas über sich persönlich mit.)
3. einen Beziehungshinweis
   (Der Sender gibt zu erkennen, was er vom Empfänger hält bzw. wie er die Beziehung zu diesem sieht.)
4. einen Appell
   (Der Sender möchte Einfluss in eine bestimmte Richtung nehmen, etwas erreichen.)

Literatur: Friedemann Schulz von Thun: Miteinander reden, Band 1: Störungen und Klärungen.
Infos aus: http://www.schulz-von-thun.de/mod-komquad.html (30.3.2010)

Rollenspiel

Im Rollenspiel haben die Schüler die Möglichkeit, die eigene oder andere Rollen zu erforschen, sich in Rollen hineinzuversetzen, damit zu experimentieren und sie zu ändern. In jedem Rollenspiel wird **Sozialverhalten** trainiert, **gegenseitiges Verständnis** angeregt.

Dabei können realitätsnahe, aber auch fiktive Situationen gespielt werden.
Auf Situations- oder Rollenspielkarten wird die Spielsituation klar dargestellt, die aber im optimalen Fall Freiraum für individuelle Entwicklung der einzelnen Rollen lässt.

Die Schüler sollten nicht in eine Rolle gezwungen werden, die sie nicht spielen wollen, **Freiwilligkeit** muss an oberster Stelle stehen.

Der Beobachtergruppe kommt große Bedeutung zu, da mit den Aufzeichnungen und Beobachtungen dieser Schüler nach dem Rollenspiel weitergearbeitet werden kann.

Ruhezeichen

Wie die Aktivierungszeichen dienen nonverbale Ruhezeichen dazu, verbale Disziplinierung zu vermeiden.
Heben Sie z.B. die Hand, legen Sie den Zeigefinger auf den Mund oder bleiben Sie wie versteinert stehen, wenn Sie die Aufmerksamkeit der Gruppe auf sich zentrieren wollen. Nach einer angemessenen Übungszeit reagieren die Kinder sehr gut auf diese Zeichen.

Das Spiel im Sozialen Lernen

Spielerisches soziales Lernen erleichtert Kindern den Umgang mit sich selbst und ihren Mitmenschen.
Sie lernen über sich, ihre Gedanken und Gefühle zu sprechen. In Klassen, in denen regelmäßig „gespielt" wird, verbessert sich die **Gruppendynamik** auffallend. Dem Kind werden im Spiel Möglichkeiten zum **Experimentieren** gegeben, wodurch es sein Umfeld spielerisch kennenlernt. Während des Spiels werden **Gefühle** wie Ärger, Freude und Wut intensiv, aber entschärft erlebt. Mögliche Außenseiter können im Spiel besser und unbefangener mit der Gruppe interagieren.

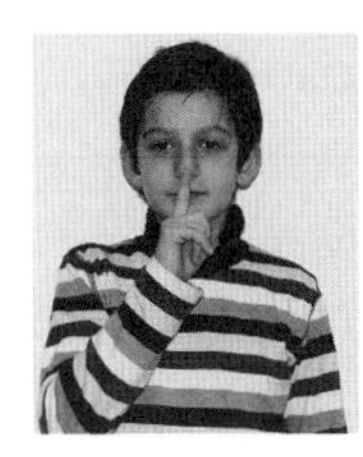

Die Rolle der Lehrkraft als **Spielleiter** setzt viel Feingefühl voraus, denn sie soll

- die Kinder so viele Erfahrungen machen lassen wie möglich, sie aber vor schwierigen Situationen beschützen;
- selbst **Spaß am Spiel** haben, um Hemmschwellen abbauen zu helfen;
- die Spiele kurz und allgemeinverständlich erklären können;
- das Gefühl dafür haben, Gefahrenmomente rechtzeitig zu erkennen und gegebenenfalls die Spielregeln abzuändern, das Spiel zu unterbrechen oder ein anderes vorzuziehen.

Ideal wären zwei Spielleiter, einer, der mitspielt und einer, der die Spielsituation beobachtet und Punkte für eine anschließende **Reflexion** zusammenträgt.
Niemand sollte zum Spielen gezwungen werden, meist sind Kinder grundsätzlich motiviert und bereit sich einzubringen.

Soziometrischer Test

Die Soziometrie/der soziometrische Test wurde von Jakob L. Moreno (1889-1974) entwickelt, der mit dieser Art der Befragung das „emotionale Beziehungsgeflecht" (Gefühle zwischen den Gruppenmitgliedern in Bezug auf ein bestimmtes Kriterium) einer Gruppe analysieren wollte. Diese Methode eignet sich gut dafür, den Zustand und die Veränderungen in der Struktur von Gruppen zu beschreiben.
Gefühle wie Sympathie, Gleichgültigkeit oder Antipathie zwischen den Gruppenmitgliedern können so erhoben und dargestellt werden.

Vorausgesetzt für die Anwendbarkeit eines soziometrischen Tests:
- Die Gruppenmitglieder müssen einander gut kennen.
- Zwischen den Fragenden und den Befragten ist ein Vertrauensverhältnis erforderlich.
- Während der Befragung soll es keine Kontakte zwischen den Testpersonen geben.

Die häufigste Art der grafischen Darstellung der Ergebnisse eines soziometrischen Tests ist das Soziogramm. Dieses veranschaulicht das Beziehungsgeflecht (emotionale Distanz oder Nähe) der Gruppe und gibt Auskunft über Gruppenführer und Außenseiter, Untergruppenbildungen etc. Im Soziogramm werden die einzelnen Gruppenmitglieder willkürlich notiert und ihre Zu- bzw. Abneigungen durch Pfeile untereinander gekennzeichnet.

Infos aus: www.stangl-taller.at
ARBEITSBLAETTER/FORSCHUNGSMETHODEN/
Soziometrie.shtml

Wahlen und Wahlrecht

Das Wahlrecht der Staatsbürger ist eine der tragenden Säulen der Demokratie. Das Recht auf Wahlen soll sicherstellen, dass die Souveränität der Bevölkerung gewahrt bleibt.
Es gibt sowohl ein **aktives Wahlrecht**, als auch ein **passives Wahlrecht**. Menschen mit aktivem Wahlrecht dürfen wählen, Menschen mit passivem Wahlrecht gewählt werden.
Wahlen sind **gleich**, wenn jeder Wähler über die gleiche Zahl von Stimmen verfügt und deren Gewicht" ebenfalls gleich ist. Ihre Stimmzettel unbeobachtet und unbeeinflusst in einer Wahlkabine selbst ausfüllen und in einem Umschlag in die Wahlurne werfen können.

Literaturverzeichnis

Badegruber, Bernd: Spiele zum Problemlösen, Band 1+2, 5. Auflage,
Veritas, Linz 2002

Böttger, Gudrun, **Reich** Angelika: Soziale Kompetenz und Kreativität fördern.
Spiele und Übungen für die Sekundarstufe I.
Cornelsen Scriptor, Berlin 1998

Chibici-Revneanu, Eva-Maria: Vom starken Ich zum neuen Du. 2. Auflage,
Veritas, Linz 2002

Hasheider, Wulf: Soziales Lernen 1 und 2
Cornelsen, Berlin 1998

Mitschka, Ruth: Die Klasse als Team.
Ein Wegweiser zum Sozialen Lernen in der Sekundarstufe. 3. Auflage,
Veritas, Linz 2001